# Daheim verkannt – in der Welt bekannt

Jürgen Kaiser

# Daheim verkannt – in der Welt bekannt

## Wie knitze Schwaben die Welt veränderten

Edition Evangelisches Gemeindeblatt

Die Deutsche Bibliothek verzeichnet diese Publikation in der Deutschen Nationalbibliografie; detaillierte bibliografische Daten sind im Internet über http://dnb.ddb.de abrufbar.


Augustenstraße 124, 70197 Stuttgart, Telefon 07 11/60 10 00, Fax 6 01 00 76, www.verlag-eva.de



Gestaltung und Satz: Cornelia Fritsch, Gerlingen
Umschlaggestaltung und Illustration: Uli Gleis, Tübingen
Lektorat: Isolde Bacher, text_dienst, Stuttgart
Druck: CPI – Ebner & Spiegel, Ulm
ISBN 978-3-945369-28-9

# Inhalt

# Daheim verkannt – in der Welt bekannt

## Wie knitze Schwaben die Welt veränderten

„Knitz“ – das sind so manche Schwaben. Nicht alle, aber viele. Manche allerdings nur „hälenga“. Wobei wir bereits bei zwei Eigenschaften sind, die Schwaben auszeichnen und für Nicht-Schwaben erklärt werden müssen.

„Hälenga“ heißt nicht: heimlich. Schwaben sind hälenga reich, aber beleidigt, wenn man sie für arm hält. Schwaben treten einfach und bescheiden auf, sind aber gekränkt, wenn man sie für Hinterwäldler und Trottel hält. Schwaben lieben das Understatement, sind aber pikiert, wenn man ihnen das glaubt.

Schwaben leben also problemlos sich Widersprechendes – das ist „knitz“. Da sind sie ganz im Einklang mit ihrem Landsmann Hegel, der für das dialektische Denken steht. Im Prinzip heißt das: wenn eine Sache klar ist, sie einfach stehen zu lassen und das Ganze nochmals von der Gegenseite aus zu denken. Dann beides miteinander zu vergleichen und einen neuen Schluss daraus zu ziehen. Den kann man nun wieder infrage stellen, indem man ihn nochmals von der Gegenseite aus denkt. Das ist nichts anderes als „These“ und „Gegenthese“, die sich in der „Synthese“ gegenseitig aufheben – dies allerdings auf einer neuen, anderen Ebene. Diese Synthese kann man dann wieder als These betrachten, der man eine neue Gegenthese entgegenstellen kann. Hört sich kompliziert an, für Schwaben ist das logisch. So fasst der Schwabe denn auch den Begriff „Synthese“ in eigenen Worten zusammen: „So isch’s no au wieder!“

Das haben wir Schwaben sogar in unserer Sprache. „Komm! Gang!“ – das ist nur logisch für Schwaben (Lass’ es! Geh!) – oder „Wart gschwend!“ (Einen Moment noch!) Man kann nicht in Schnelligkeit warten – wir Schwaben schon.

Im Deutschen gibt es einen Begriff aus der Sprache der Stauferzeit – also dem Hochmittelalter. „Er machte kein Hehl daraus“ heißt es, wenn jemand kein Geheimnis aus etwas machte. „Hehl“ ist das alte staufische Wort für „Geheimnis“. Dieses Wort „Hehl“ steckt auch in „hälenga“.

„Hälenga“ heißt eigentlich „geheimnisvoll“. Wir Schwaben machen aus allem, auch aus uns selbst, etwas Geheimnisvolles. Selbst aus unserem Humor. Bei einem schwäbischen Witz muss man erst mal nachdenken, was damit gemeint ist. Wer nicht denken kann, versteht auch keinen schwäbischen Humor. Auch da sind wir „knitz“. „An dem hosch daj Freid wia a Hond amma Wefzganescht!“ heißt es über einen Mitmenschen. (An dem hast Du Deine Freude wie ein Hund an einem Wespennest.) Welche Freude sollte ein Hund an einem Wespennest haben? Natürlich gar keine, denn mit seiner empfindlichen Schnauze kann er nur panisch davonjagen, wenn Wespen ihn verfolgen. Das Ganze ist ironisch gemeint. So funktioniert vieles im schwäbischen Humor.

Diesen Humor brauchten viele Schwaben schon alleine, um nicht am Dasein oder an ihrer Umwelt zu verzweifeln. Schwaben, die Ideen hatten und auf blankes Unverständnis trafen. Die etwas Neues wagten, manchmal eben auch, weil sie sonst nicht überlebt hätten, und dafür die Heimat verlassen mussten. Nach solchen habe ich gesucht: nach denen, die hier nichts wurden und ins Ausland gingen. Wobei Ausland auch schon Baden sein konnte

Um das zu verstehen und um die einzelnen Charaktere deutlich zu machen, möchte ich Sie ein ganz kleines bisschen mitnehmen zu dem, was Schwaben ausmacht. Werfen Sie mit mir einen Blick in die schwäbische Seele.

Es ist ja so, dass Sie eigentlich zwei Arten von Schwaben antreffen können. Die einen sind die Weltläufigen. Egal, wo Sie auf der Welt hinreisen, irgendein Schwabe war bestimmt schon vor Ihnen dort. Und manchmal hat er schon ein kleines Fabrikle dort gegründet. Das sind die weltgewandten Schwaben, die aber trotzdem noch wahnsinnig viel Heimweh haben.

Auch die anderen Schwaben können Sie treffen, aber nicht draußen in der Welt, sondern hier. Die kommen nicht hinter ihrer Miste hervor und haben es nicht weit bis zu ihrem eigenen Horizont. Das sind die ganz engen Schwaben.

Und da wir ja als Schwaben dialektische Wesen sind, ist es so, dass beide in einem Wesen versammelt sind. Der kleinkarierte und engstirnige genauso wie der urbane, polyglotte Weltschwabe. In einem Schwaben sind immer beide zugleich. Beim einen überwiegt die eine Seite, beim anderen die andere, wieder andere kriegen eine Balance hin.

Wer als Schwabe eher polyglott gestrickt ist, hat heute kaum Schwierigkeiten, das auszuleben, die Welt steht ihm offen. In früheren Zeiten hat so ein Schwabe aber oft auf Granit gebissen. Die Misthocker in seinem Umfeld ließen kein gutes Haar an ihm. Und diejenigen, die mit beiden Seiten gut leben konnten, legten ihm vielleicht keine Steine in den Weg, aber hilfreich waren sie in der Regel auch nicht.

Hinzu kommen ein paar Regeln, die man zum Verständnis des Schwaben parat haben muss. Es gibt in Schwaben geheime Grundregeln, die sind schon fast schwäbische Leitsprüche.

Um das zu verstehen, muss ich zunächst ein schwäbisches Wort erklären. Es ist das schwäbische Verb „miggen“. Es heißt schlicht: bremsen. Ein schwäbischer Leitspruch heißt zum Beispiel: „Do migg i jetzt, weil da hat mei Vader scho gmiggt. Ond vorher mei Großvatter. Und do werd i emmer migga und wenn's dr Berg nuffgot!“ (An dieser Stelle bremse ich, denn hier hat schon mein Vater gebremst. Und davor mein Großvater. Hier werde ich immer bremsen, selbst wenn es den Berg hinaufgeht.) Das ist schwäbische Tradition, gemischt mit Sturheit und Dickköpfigkeit.

Solche Sätze gibt es in Schwaben. Dazuhin gibt es in Schwaben dreierlei Leitsprüche. Und wenn man die genau anschaut, wird klar: Es sind nicht nur Leitsprüche, die für eine Haltung stehen, sondern zugleich Totschlagargumente.

Satz Nummer eins, den kennen Sie alle: „Des hen mir scho emmer so gmacht.“ (Das haben wir schon immer so gemacht.) Da brauchen Sie gar nicht mehr mit einer neuen Idee zu kommen oder gar mit einer neuen Idee anzufangen. Da geht nichts mehr.

Satz Nummer zwei lautet: „Des hen mir no nia so gmacht.“ (Das haben wir noch nie so gemacht.) Neue Ideen sind nicht willkommen. Da geht also auch nichts mehr.

Kommt noch Satz Nummer drei: „Do könnt ja jeder komma.“ (Da könnte ja jeder kommen und etwas wollen.) Das „Jeder“ gilt ausnahmslos für alle, auch für die eigenen Landsleute.

Dieses Buch handelt von Menschen, die alle diese Sätze gehört und die Konsequenzen erlebt haben. Sie haben sie so lange gehört, bis sie es nicht mehr aushielten. Und dann aufbrachen, um woanders ihr Glück zu versuchen. Manche sind wieder zurückgekehrt, viele nicht mehr. Aber Heimweh haben sie alle gehabt.

Die Motive, zu gehen, waren natürlich unterschiedlich. Bei den einen war es schlicht der Hunger, bei den anderen waren es politische Ideen, die sie hier nicht umsetzen konnten. „Wirtschaftsflüchtlinge“ heißen wir heute die einen und meinen das nicht positiv. Allerdings meinen wir damit nicht die damaligen Schwaben, sondern Flüchtlinge heute. Aber genau das waren diese Schwaben damals. Zwischen 1806, als das Königreich Württemberg begann, und 1871, als Preußen unterging und das Deutsche Reich sich erhob, sind 20 Prozent der Schwaben ausgewandert – eine Million von fünf Millionen Einwohnern. Wer heute seine Nase über „Wirtschaftsflüchtlinge“ rümpft und Vorfahren in den USA hat, sollte spätestens jetzt ins Nachdenken kommen.

Natürlich war auch viel jugendlicher Abenteuermut mit dabei. Es war eine Mischung. Württemberg war bettelarm. Gesellschaftlich ging gar nichts voran, aufsteigen konnte man nicht. Wer Ideen hatte, war verdächtig. Die Revolution 1848 war gescheitert. Armut und Repression waren alltäglich.

Dieses Buch ist denen gewidmet, die aufbrachen, die sich nicht abfanden, die Neues wagten und auch vor dem Scheitern keine Angst hatten. Hinfallen kann jeder, aufstehen ist die Kunst. Das war das Motto. Es gilt heute noch.

Die Recherchen zu diesem Buch haben eine zunächst verblüffende Erkenntnis gebracht. Die Geschichten handeln immer von Männern. Ich habe keine Frauen gefunden. Damit meine ich, ich habe keine Frau gefunden, die aufbrach, weil es hier in Schwaben nicht mehr weiterging, und über die später berichtet wurde. Die woanders ihr Glück gesucht und vielleicht auch gefunden hat und darüber so berühmt geworden ist, dass man ihren Namen heute noch kennt, wenn auch vielleicht nicht mehr die Tatsache, dass sie aus Schwaben kam.

Frauen waren früher nahezu rechtlos. In Schwaben konnten sie rechtlich nur auftreten, wenn ihr Vater oder ihr Ehemann für sie eintrat und unterschrieb. Die Unterschrift einer Frau war wertlos. Nach württembergischem Gesetz war der Mann – Vater oder Ehemann – der Herr im Hause. Das war wörtlich zu nehmen. Der Witwenstand war eine Katastrophe, der Stand eines ledigen Fräuleins auch. Dafür war der Vater zuständig, wenn er nicht mehr lebte, musste der Staat eingreifen. Wie bei den Witwen auch. Die alleinstehenden Frauen wurden zur Heirat gedrängt. Weigerten sie sich, war das fast eine Staatskrise. Denn so etwas kam im 19. Jahrhundert nicht vor. Dann bestellte der Gemeinderat einen Vormund. Das kam bei den alleinstehenden Frauen nicht besonders gut an. Sie wollten über sich selbst bestimmen und sie wollten ihr eigenes Brot verdienen. Sie wurden „Eigenbrötlerinnen“ genannt. Bis heute ist der Begriff negativ besetzt.

Eine alleinstehende Frau konnte ohne Geld und Vormund nicht auswandern. Und in den anderen Staaten war es ja nicht besser – sie konnte dort entweder in Stellung gehen oder heiraten. Etwas anderes sahen auch diese Gesellschaften für „anständige“ Frauen nicht vor.

So sind es Männergeschichten geworden. Aber wer weiß: Vielleicht kennt ja der eine oder die andere der Leserinnen und Leser eine Familiengeschichte, in der eine Frau auch in der Öffentlichkeit eine wichtige Rolle spielte? Dann bin ich neugierig und begierig darauf, diese Geschichte zu erfahren.

Ich danke den Menschen, die mich immer wieder auf Geschichten von Schwaben, die erst im Ausland etwas wurden, aufmerksam gemacht haben. Allen voran Rolf Lehmann, der mich auf Sir Frederick aus Birkach aufmerksam machte. Und Dieter Skubski, der einen Vortrag von mir über meine Recherche getreulich aufgenommen und abgeschrieben hat, damit mein Stoff auch verschriftlicht wurde.

Ich danke meinem Verleger Frank Zeithammer, weil er an meine schriftstellerischen Fähigkeiten glaubt, der Projektleiterin Cornelia Fritsch ebenso, die auch daran glaubt und mich deshalb begleitet, meinem Illustrator Ulli Gleis, der mal wieder treffend das Titelbild zeichnete, und meiner Lektorin Isolde Bacher, die schwäbischem Denken auch im Deutschen immer wieder zur Geltung verhalf, trotz Umwandlung: Es sind halt doch immer noch zwei verschiedene Denkansätze – siehe Dialektik.

Nicht zuletzt danke ich meiner Frau Christine, die meine Texte nach nächtlichen Sitzungen morgens auf dem Frühstückstisch vorfand und als Erste den berühmten Rotstift ansetzte.

Jürgen Kaiser, im Winter 2016

Der Urtyp dessen, der hier nichts wird

# Friedrich Schiller

Friedrich Schiller, porträtiert von Ludovike Simanowiz im Jahr 1794

Wenn Schwaben stolz auf jemanden verweisen, der es „geschafft“ hat, dann ist Friedrich Schiller nicht weit. Auf den kann man auch im Sinne des Buches zu Recht verweisen, denn der konnte hier „im Ländle“ nichts werden.

1759 wurde Friedrich Schiller in Marbach am Neckar geboren. Sein Vater war Offizier und Wundarzt. Fünf Jahre später zog die Familie nach Lorch, weil der Vater dort als Werber für die württembergische Armee eingesetzt wurde, zwei Jahre später nach Ludwigsburg.

Der württembergische Herzog Carl Eugen hatte die Idee zu einer Hochschule, in der nur er – und sonst niemand, weder Kirchen noch Professoren – das Sagen hatte: die Hohe Karlsschule. Diese Militärakademie war auf der Solitude angesiedelt und der

Herzog wählte die Studenten aus, die er gelegentlich als „meine Söhne“ ansprach. Zudem überwachte er sie streng, um es einmal harmlos auszudrücken. Tatsächlich übte er eine bedingungslose Diktatur über die Studenten aus. Diese Erfahrung war prägend für Schiller.

Auf herzoglichen Befehl zog Schiller 1773 auf die Solitude. Seine Eltern waren dagegen – sie hatten aber selbstverständlich nichts zu bestellen. Auf der Solitude herrschte militärischer Drill. Alles und jedes war geregelt oder verboten. Ganz klar, dass sich die Jungen dagegen auflehnten: Tabak wurde heimlich geschnupft, verbotene Schriften wurden eben heimlich gelesen.

1775 wurde die Akademie nach Stuttgart verlegt. Die Gebäude standen bis 1944, bis sie durch Bomben zerstört wurden. Heute erinnert nur noch der hinter dem Neuen Schloss und seitlich vom Landtag gelegene Akademiebrunnen an die Hohe Karlsschule. Sein Vorgängermodell stand damals im Innenhof der Akademie. Hört man heute dort das Wasser rauschen, kann man sich bewusst machen: Aus dieser Quelle trank einst Friedrich Schiller.

In Stuttgart wechselte Schiller das Studienfach: aus dem Stud. iur. wurde ein Stud. med. Aber seine Liebe galt der zeitgenössischen Literatur und Dichtung. Natürlich nur heimlich. Eines seiner Vorbilder damals war der schwäbische Dichter Christian Friedrich Daniel Schubart. Der saß als politischer Gefangener auf dem höchsten Berg Schwabens ein: dem Hohenasperg. Nach einem damaligen Witz war der Hohenasperg deshalb Schwabens höchster Berg, weil es so lange dauerte, bis man wieder herunterkam. Die Festung Hohenasperg war zu dieser Zeit das Gefängnis für politische Gefangene, die auf Befehl des Herzogs und in der Regel ohne Gerichtsverfahren auf unbestimmte, nur vom Herzog festgelegte Zeit zu den von ihm persönlich festgelegten Haftbedingungen eingekerkert waren. Dem Dichter Schubart hat er so jahrelang Papier und Tinte verweigert, weil ihm seine Gedichte nicht gefielen. Hatte Schubart es doch gewagt, die herzogliche Mätresse

Schiller und „seine Räuber" wurden später so populär, dass sie zum Motiv der Sammelbilder der Heilbronner Firma Knorr wurden.

Franziska von Hohenheim in einem Werk als „Lichtputze, die glimmt und stinkt" zu bezeichnen. Dafür saß er zehn Jahre.

Schiller hatte einmal die Gelegenheit, Schubart zu besuchen. Bei seinem Besuch bekam er von Schubart eine Geschichte mit – die Geschichte von Karl Moor und dessen Bruder. Schiller begann zu schreiben. Er packte seine ganze Wut über Fürstendiktatur und Entwürdigung in seine Dichtung „Die Räuber". Es wurde ein fulminantes Freiheitsdrama daraus. Nachts wurde es heimlich geschrieben, die ersten Dialoge las er heimlich seinen Freunden im Bopserwald vor, im Süden Stuttgarts, wo sich noch heute der Wald den Berg hinaufzieht. Begeistert schlugen sie ihm auf die Schulter. Schiller schrieb weiter.

1779 bestand er sein medizinisches Examen. Aber erst nach der Veröffentlichung seiner Dissertation 1780 wurde er aus der Hohen Karlsschule entlassen und wurde Militärarzt. Ein anderer

Beruf war ihm nicht möglich – auch hier redete der Herzog mit. So wurde er „Regimentsmedicus“ in Ludwigsburg im Grenadier-Regiment von Augé. Schiller schrieb über das Regiment, dass es nur aus „240 fast ausschließlich Invaliden und Krüppeln“ bestehen würde. Sein Gehalt war sehr bescheiden. Er bat den Herzog um die Genehmigung, eine zivile Praxis aufmachen zu dürfen. Dann hätte er sich Geld dazuverdienen können. Dies wurde abgelehnt. Genauso wie die Bitte, Zivilkleidung tragen zu dürfen. Einmal in des Herzogs Rock, immer in des Herzogs Rock.

Schiller schrieb „Die Räuber“ 1781 fertig, der Text wurde anonym gedruckt und nach Mannheim geschmuggelt. Mannheim war damals das „Gelobte Land“ der Dichter und Denker in Deutschland. In Mannheim war möglich, was in Württemberg auf dem Hohenasperg endete. Selbst unterdrückte Badener flohen nach Mannheim und studierten in Heidelberg – beide Städte waren kurpfälzisch. Die Kurpfalz hatte das liberalste Pressegesetz des Heiligen Römischen Reiches Deutscher Nation. Hier konnte veröffentlicht, gedruckt und gespielt werden, wofür man überall sonst in Deutschland in den Knast wanderte.

„Die Räuber“ wurden am 13. Januar 1782 in Mannheim uraufgeführt. Schiller war ohne Reiseerlaubnis des Herzogs aus Ludwigsburg nach Mannheim gekommen und wohnte unerkannt der Aufführung bei, erst zum Schluss gab er sich zu erkennen. Das Theaterstück schlug wie eine Bombe ein, die Besucher sprangen auf, stampften minutenlang mit den Füßen, schrien Hurra, brachen in Tränen aus. Fremde Menschen fielen sich um den Hals. Das – verbotene – Stück trat seinen Siegeszug durch Deutschland an. Schiller war mit einem Schlag berühmt.

Der Erfolg blieb in Stuttgart nicht unbemerkt. Als Schiller vier Monate später wieder ohne Genehmigung nach Mannheim reiste, saß er anschließend zwei Wochen im Arrest. Zudem wurde ihm jeder Kontakt mit dem kurpfälzischen Ausland untersagt.

Schiller auf der Flucht mit seinem Freund Andreas Streicher, gemalt von Maximilian (Max) Stieler (1825–1897)

Protest kam übrigens auch aus der Schweiz. Einer der Räuber in seinem Stück hatte den Kanton Graubünden als Mekka der Gauner beschimpft. Das passte den Schweizern nicht und sie beschwerten sich beim Herzog. Der ließ Schiller Festungshaft androhen und untersagte ihm jede nichtmedizinische Veröffentlichung.

Das wäre das Aus für den Dichter gewesen. In der Nacht vom 22. auf den 23. September 1782 feierte der Herzog auf der Solitude ein großes Fest mit Feuerwerk. Dazu brauchte er viele Soldaten, die Tore Stuttgarts und Ludwigsburg waren unterbesetzt. Schiller floh nach Mannheim. Seine Karriere konnte beginnen. In Württemberg war das Fahnenflucht.

So musste er sich zunächst vor dem Herzog in Acht nehmen. Als er hörte, dass der württembergische Herzog ihn suchen ließ, verhalf ihm sein Freund Wilhelm von Wolzogen zu einem Unterschlupf im thüringischen Bauerbach. Als „Dr. Ritter" konnte er dort untertauchen. 1783 kehrte er nach Mannheim zurück und bekam dort die Stelle eines Theaterdichters. Von dort ging es im April 1785 nach Leipzig, wo es ihm durch die Hilfe seines Freundes Christian Gottfried Körner gelang, aus seiner wirtschaftlichen Notlage etwas herauszukommen. 1787 reiste Schiller nach Weimar, ohne auf Goethe zu treffen, der in Italien weilte. Den hatte er bereits 1779 ausgerechnet in Stuttgart kennengelernt, als er sich mit einer Sondergenehmigung des Herzogs von Württemberg dort zum Stiftungsfest der Hohen Karlschule aufhielt. Goethe machte in Stuttgart Station auf der Rückreise von Italien. Von Freundschaft zwischen den beiden war da noch keine Spur.

1789 wurde Schiller dann Professor in Jena – ohne Gehalt. Nur langsam verbesserte sich seine finanzielle Situation. Erst 1794 entwickelte sich zwischen den beiden Dichterfürsten so etwas wie ein freundschaftlicher Briefwechsel. Langsam kamen sich die beiden Rivalen näher.

Schiller starb am 9. Mai 1805 vermutlich an einer durch Tuberkulose hervorgerufenen Lungenentzündung. Im 19. Jahrhundert galt er als der wichtigste Dichter Deutschlands, erst im 20. Jahrhundert lief ihm Goethe den Rang ab.

# Max Eyth

Max Eyth auf einer Fotografie
von Fritz Leyde & Co., Berlin
um 1896

Auf Max Eyth wurde ich aufmerksam, weil meine Schule in Kirchheim/Teck nach ihm benannt war. Auf dem Schulhof stand eine riesige fahrbare Dampfmaschine – ein Lokomobile. Ich wollte schon als Schüler wissen, was dieses Ungetüm, dieser Dinosaurier der Technikgeschichte, mit Max Eyth zu tun hatte.

Max Eyth wurde 1836 in Kirchheim geboren – er lebte bis 1906. Der Sohn des Leiters der Kirchheimer Lateinschule zog im Alter von fünf Jahren mit seiner Familie in das Kloster Schöntal, wo sein Vater Ephorus (pädagogischer Leiter) am Evangelischen Seminar wurde. So hat der kleine Max Eyth sehr, sehr viel klassische Bildung mitbekommen. Allerdings interessierte ihn nicht die Laufbahn eines Theologen – das hatte sein Vater mit ihm vor. Der kleine Max Eyth war von etwas anderem begeistert: er war begeistert von Maschinen. Als er einmal im Kochertal eine Papiermühle mit ihrem Hammerwerk arbeiten sah, war es um ihn geschehen. Er hatte sich buchstäblich in die Technik „verliebt".

Nun muss man wissen, dass in der Frühzeit des 19. Jahrhunderts alles, was mit Maschinen zu tun hatte, ein Beruf war, bei dem man schmutzig wurde. In England und in den USA nannte man den Maschinisten „Engineer“. Das im Deutschen seit etwa 1600 verwendete französische Lehnwort Ingenieur bedeutete ursprünglich „Kriegsbaumeister“ und kam vom lat. „ingenium“, das unter anderem mit „Erfindergeist“ übersetzt werden kann, im Mittelalter aber auch und vor allem die Bedeutung von „Kriegsgerät“ hatte. Der Engineer war in England und in Amerika der Lokomotivführer. Ihm ist im Film „Der General“ von Buster Keaton ein Denkmal gesetzt. Buster Keaton spielt darin einen Lokomotivführer, einen „Engineer“. Er ist der Held des Films, ein Held des amerikanischen Bürgerkriegs. Aber von der Familie der Geliebten wird er als dreckiger Maschinist verachtet.

Eine ähnliche Geschichte finden wir auch bei Max Eyth. Er war verliebt in die Tochter des Kirchheimer Klavier- und Pianoherstellers Kaim. Kaim Klaviere und Flügel waren weltweit bekannt und hatten einen entsprechenden Ruf. Die beiden hatten was miteinander, wie Max Eyth eigentlich immer ziemlich großen Erfolg bei den Frauen hatte. Dies zog sich durch sein Leben hindurch. In Biografien über ihn muss man das ein bisschen suchen, man hat es immer so ein bisschen verschämt weggelassen. Zum Beispiel dies: May Eyth hatte rotes Haar. Als er im Auftrag der Maschinenfabrik Gotthilf Kuhn aus Stuttgart-Berg im Bottwartal unterwegs war, sollen dort einige rotschopfige Kinder auf die Welt gekommen sein. Vater Kaim bekam das irgendwie mit, hat sich dann seine Tochter geschnappt und gesagt: „Dass das eine klar ist: Du lässt die Finger von diesem Ingenieur, das ist kein ehrenwerter Beruf.“ Die Tochter gehorchte ihrem Vater.

Für Eyth war das ein Signal. Erstens, sich anzustrengen als Ingenieur, immer besser zu werden und es den Zweiflern endlich mal zu zeigen. Und zum zweiten: Er hat nie geheiratet. Diese erste große Liebe ging in die Brüche, das versetzte ihm einen Schlag.

Aber beruflich war er überzeugt davon, dass in der Technik die Zukunft liegt. Und dass Technik immer auch anwendbar sein muss, also eine Technik sein muss, die allen Menschen etwas nützt.

Er hat sein ganzes Leben lang Tagebuch geschrieben. An seinem 21. Geburtstag lesen wir: „Heute 21 geworden, aber noch nichts wesentliches für die Menschheit getan." Als junger Mensch macht man solche Sprüche. Für Max Eyth war das nicht nur ein Spruch, es war ein Motto, an das er sich sein ganzes Leben lang hielt.

1856 machte er sein Examen am Polytechnikum in Stuttgart. Und er lernte weiterhin dazu. Zum Beispiel in Württembergs führender Dampfmaschinenfabrik Gotthilf Kuhn. Karrieren in Württemberg begannen am Schraubstock – Polytechnikum hin oder her. Und Max Eyth feilte. Er machte eine ganz normale klassische Schlosserlehre. Allerdings sehr, sehr schnell. Denn seine Meister erkannten sein Talent. 1860 schon wurde er im Auftrag der Firma nach Paris zur Weltausstellung geschickt, um dort die neue Gasmaschine von Lenoir zu studieren. Zurück in Württemberg, sollte er sie nachbauen. Das machte er auch, im Geheimen natürlich. Bei der Premiere flog der württembergische Nachbau auseinander. Max Eyth beschloss, nie mehr etwas abzukupfern, sondern selber zu erfinden.

Kuhn war bekannt für seine Dampfmaschinen. Eyth aber wollte mehr: Er wollte die stationären Riesen mobil machen. Ganz mobil, also auch weg von den Gleisen. Denn Lokomotiven gab es schon.

Die Welt brauchte eine verbesserte Mobilität. Diese Mobilität kam, 1835 fuhr der erste Zug in Deutschland, zwischen Fürth und Nürnberg. Mobilität mit hoher Geschwindigkeit gab es also, wenn auch nur auf Schienen. Das wollte er ändern.

In Deutschland gab es nichts, wo man das hätte ändern können, keinen Arbeitgeber, der sich dafür interessierte. Deshalb ging er schließlich zu der weltweit führenden Firma für Mobilität. Er ging nach England, und zwar zu John Fowler nach Leeds.

Fowlers Compound-Pfluglokomobil

Fowler erkannte sein Talent und setzte Eyth ein, das Lokomobil weiterzuentwickeln. Mit dem Lokomobil wurde die Landwirtschaft auf der ganzen Welt industriell erschlossen. Im Deutschen Landwirtschaftsmuseum in Stuttgart-Hohenheim kann man das Modell besichtigen, das einst in meinem Schulhof in Kirchheim/Teck stand.

Die Grundfrage war einfach: Wie bekommt man eine Dampflokomotive ohne Schienen beweglich auf die Straße und wie kann man sie überall als Antrieb nutzen? Weltweit führend in der Beantwortung dieser Frage war Fowler, sein Ingenieur Nummer eins Max Eyth.

Eyth hat die Maschinen nicht nur ständig verbessert, sondern auch zur Anwendung gebracht. Und das bedeutete in der damaligen Zeit, mit zwei Lokomobilen und dazwischen einem großes Drahtseil auf einer Winde pflügen. An dieser Winde wurde ein mehrschariger großer Wendepflug über das Feld hin- und hergezogen. Dann fuhren die Lokomobile ein paar Meter weiter und man konnte wieder hin- und herackern. Aber nicht, wie vorher in der Landwirtschaft üblich, maximal 20 cm tief – mehr schaffte ein

Pferd oder ein Ochse kräftemäßig nicht –, jetzt ging es bis zu 1,50 Meter tief. Jetzt konnte man auf einmal auch Wassergräben ziehen, Bewässerungssysteme miteinander verbinden. So konnte man auch harten und vertrockneten Lehmboden bearbeiten und fruchtbar machen. Zum Beispiel im fruchtbaren Nildelta.

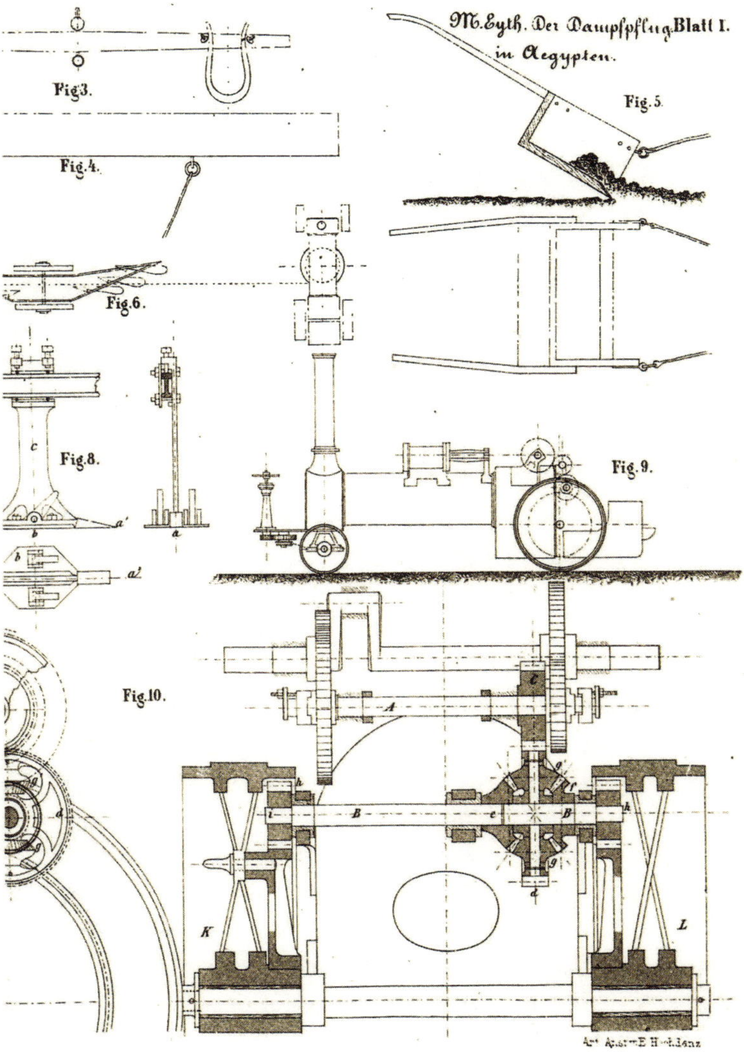

Halim Pascha, der Onkel des Vizekönigs von Ägypten, war dort Großgrundbesitzer und baute Baumwolle an. Im Sommer waren die Böden hart wie Beton. An Pflügen war nicht zu denken – bis Max Eyth kam. Das war der Beginn des Siegeszugs der ägyptischen Baumwolle, der eigentlich bis heute anhält, weil sie eine „langstapelige“ Baumwolle ist, also besonders lange Fasern hat, und sich daraus sehr dünne Fäden spinnen lassen. Das ist bis heute die beste Baumwollqualität auf der Welt.

Das war die technische Revolution in der Landwirtschaft – zu einer Zeit, als es noch keine Motoren und keine angewandte Elektrizität gab: Von 1866 bis 1869 war Max Eyth in Amerika mit seinen Maschinen unterwegs. In Mittelamerika war er derjenige, der mit diesen Maschinen die Zuckerrohrplantagen anlegte. In Ägypten gab es keine Kohlen für seine Dampfpflüge. Er erfand eine funktionierende Feuerung seiner Ungetüme durch Stroh. In Mittelamerika gab es ebenfalls keine Kohle. Eyth baute die Feuerung auf Zuckerrohrstroh um. „Die Tat ist meine Sprache“, schrieb er einmal in sein Tagebuch.

Er war ein Praktiker, und deshalb fuhr er immer dorthin, wo diese Maschinen angewandt wurden, um herauszubekommen, was er besser machen konnte.

Das Pflügen war gefährlich. Denn das Stahlseil, mit dem die beiden Dampfpflüge verbunden waren, stand unter Spannung. War die Spannung zu groß, dann zerfetzte das Stahlseil und wurde für die Menschen, die in der Nähe waren, zur tödlichen Peitsche. Auch das Durchrutschen der Stahltrosse war gefährlich. Max Eyth erfand eine Bremse, „Clipdrum“ genannt, die genau das verhinderte. Diese Neuerung fand auch auf der Elbe, dem Rhein und dem Neckar Verwendung. Bevor die Schifffahrt auf die Schiffsschraube als Antrieb kam, wurde mithilfe von Ketten und Strahltrossen ein Schleppschiff flussaufwärts gezogen, an das sich die anderen antriebslosen Schiffe anhängen konnten. Herkömmliche Raddampfer waren für diese Art Schlepper zu schwach. Diese sogenannte

Tauereischifffahrt war erfolgreich, weil sich der Schlepper, „Tauer" genannt, am Bug des Schiffes mithilfe des „Clipdrums" in die in der Mitte des Flusses verlegte Stahltrosse einhängen und sich nun mit hoher Zugleistung flussaufwärts bewegen konnte.

Nach 20 Jahren zog sich Max Eyth aus dem Dampfpfluggeschäft zurück und kündigte bei Fowler. Finanziell war er inzwischen unabhängig. Nun lebte er in Bonn und trat für eine neue Idee ein: die Gründung der Deutschen Landwirtschafts Gesellschaft (DLG, 1885 in Berlin ins Leben gerufen). Sie sollte auf Wanderausstellungen die neuesten Entwicklungen in der Landwirtschaft zeigen, vor allem natürlich neue Geräte und Maschinen. Max Eyth ging es darum, die Industrialisierung der Landwirtschaft voranzutreiben. Sein Ziel war dabei, die Erträge so zu steigern, dass es in Deutschland und Europa keinen Hunger mehr geben würde. Das allerdings war gar nicht so einfach. In Deutschland wurde er jahrelang als „verrückter Engländer" verspottet, auch der Staat versagte ihm jede Unterstützung. Aber Max Eyth ließ nicht locker, und so wurde schließlich auch die Geschichte der DLG zu einer Erfolgsgeschichte.

1896 verabschiedete er sich von der DLG und baute sich in Ulm auf dem Michaelsberg seinen Ruhesitz. Eyth konnte fantastisch zeichnen, Skizzenbuch und Stift begleiteten ihn sein ganzes Leben. Nun kolorierte er seine Zeichnungen. Aquarelle entstanden und wurden veröffentlicht. Und: er konnte schreiben. So entstanden Romane wie „Der Kampf um die Königspyramide" und „Der Schneider von Ulm". Sein Werk „Hinter Pflug und Schraubstock", erstmals 1899 erschienen als „Skizzen aus dem Taschenbuch eines Ingenieurs", wurde für Jahrzehnte das Konfirmationsgeschenk für Jungen in Deutschland. Noch 1986 wurde es erneut aufgelegt.

Denn das muss man sagen: Eyth konnte schreiben wie Karl May. Um die Wende vom 19. ins 20. Jahrhundert herum war er auch mindestens so berühmt wie Karl May.

Max Eyth starb 1906. Heute noch sind Schulen nach ihm benannt oder Straßen in Industriegebieten. Max Eyth zog aus, als der technische Fortschritt kein Kind aus Schwaben oder Deutschland war. Er wollte sehen, wie es hinter dem hiesigen Horizont weiterging. Aber hierzulande endete der Horizont damals hinter dem nächsten Misthaufen. Das Überraschende war: Max Eyth kam wieder zurück, brachte sich ein und wurde zu einem Motor der Entwicklung in Deutschland.

Der Schwefelkönig von Louisiana

# Hermann Frasch

Hermann Frasch in mittleren Jahren

Der Besucher auf dem Friedhof in Gaildorf reibt sich verwundert die Augen: Die Aussegnungshalle sieht aus wie die württembergische Grabkapelle auf dem Wirtemberg in Stuttgart-Rotenberg.

Die Ähnlichkeit ist Absicht. Die Amerikanerin Elizabeth Blee-Frasch hat die Kapelle für ihren 1914 in Paris verstorbenen Ehemann Hermann Frasch errichten lassen und verfügt, dass sie nach ihrem Tod ebenfalls in Gaildorfer Erde bestattet würde. Beide Gräber sucht man heute vergebens.

Hermann Frasch war auch so einer, der es in der Heimat nicht mehr aushielt. Nun kann man natürlich sagen: Moment, in diesem Buch ist von Schwaben die Rede. Frasch aber stammt aus dem Limpurger Land. 1851 wurde er in Oberrot geboren, aufgewachsen ist er in Gaildorf, einem württembergischen Oberamtsstädtchen, in dem sein Vater „Schultes“, also Bürgermeister, war.

Damit ist er eigentlich ein „Beuteschwabe“, denn das Limpurger Land kam erst 1806 zu Württemberg. Ganz so einfach ist es mit dem Hohenloher Patriotismus aber auch wieder nicht, denn das Limpurger Land wurde nach den Schenken von Limpurg benannt, und das waren Ministeriale der Staufer. Schwäbischer als die Staufer geht es aber auch wieder nicht. Hermann Frasch bekommt deshalb einen Ehrenplatz in dieser württembergischen Reihe von Schwaben, die nur außerhalb von Schwaben etwas wurden.

Erst gut 16 Jahre alt, wanderte Hermann Frasch bereits im Frühjahr 1868 aus. Vorher hatte er noch eine Lehre als Buchhändler in Schwäbisch Hall begonnen. Die Frage bleibt spannend, warum er es in Württemberg nicht mehr ausgehalten hat. Es gibt bis heute nämlich nur Gerüchte. Eines besagt, er sei beschuldigt worden, an einem Brand beteiligt gewesen zu sein, und sei vor der Polizei geflohen. Ein anderes Gerücht beschreibt eine jugendliche Liebesgeschichte, in der alles schiefging. Doch was auch immer letztlich der Grund war, 1868 hieß es für Hermann Frasch: nichts wie weg in die USA. Aufschlussreich könnte allerdings sein, dass noch in den Nachrufen von ihm behauptet wird, er habe immer eine große Wirkung auf das schöne Geschlecht ausgeübt.

Sein Werdegang in den USA liest sich jedoch wie die Geschichte des Tellerwäschers, der Millionär wurde. In seinem Fall sogar zu einem der reichsten Männer der Welt.

In Philadelphia wurde er Lehrling in einer Apotheke. Von dort aus wechselte er in den Laden von Johannes Maisch, der zugleich Professor am Philadelphia College of Pharmacy war. Dort wandelte sich Frasch vom Pharmazeuten zum Chemiker.

Mit 22 Jahren gründete er sein erstes Laboratorium. Und schon bald hatte er sein erstes Patent erworben: Er konnte Petroleum sauberer herstellen als die anderen. 1859 wurde in den USA das erste Erdöl erbohrt, und zwar in Pennsylvania. Schon bald gab es

Geschäftsanzeige von Hermann Fraschs erster eigener Firma

einen Markt für ein besonderes Spaltprodukt von Erdöl: Petroleum. Denn durch die billigen Petroleumlampen konnte jeder Licht in seine dunkle Stube bringen. Das Öl dazu konnten sich auch die kleinen Leute leisten. Die Standard Oil Company entstand und wurde der Weltmarktführer in Sachen Lampenpetroleum.

Dies ist kein Buch über die Erdöl- und Raffinerietechnik. Wäre es eines, der Name Frasch käme immer wieder darin vor. Frasch war so etwas wie das Labor der Standard Oil.

Zwei Probleme seien genannt, um das Genie von Frasch zu erahnen. Zum einen: Es gab einen Weltmarkt für Petroleum. Wohin aber mit dem überwiegenden Rest des Erdöls? Benzinmotoren waren noch nicht erfunden.

Zum anderen: Das Petroleum in den Lampen rußte erbärmlich und stank fürchterlich. Man musste es immer sauberer gewinnen. Frasch fand die ersten Lösungen.

Ganz nebenbei veredelte er auch andere Stoffe aus dem Erdöl, so das Paraffin. Kerzen konnte man daraus machen – und Wachspapier. Nicht nur das Butterbrotpapier meiner Jugend entstand auf der Basis von Paraffin, sondern auch der Tetrapak. So geht die moderne Milch- und Saftverpackung auf Entdeckungen von Frasch zurück.

Standard Oil kaufte Frasch die Patente ab. Frasch zog nach Cleveland, dem Firmensitz von Standard Oil, und forschte weiter. Als seine Verträge mit Standard Oil ausliefen, war er ein wohlhabender Mann, der aber immer noch mehr wissen wollte. In Kanada gründete er in London, Ontario mit der Empire Oil Company eine eigene Ölgesellschaft

Nebenbei: London liegt in Ontario auf halbem Weg zwischen Detroit, USA, und Toronto, Kanada. Wiederum auf halbem Weg zwischen London und Toronto liegt Heidelberg. Dies ist ein kleines Dorf neben Berlin. Berlin wurde jedoch nach dem Kriegseintritt der Kanadier in den Ersten Weltkrieg in Kitchener umbenannt, nach dem britischen Kriegsminister Herbert Kitchener, dessen Schiff 1916 westlich der Orkney-Inseln auf eine Mine aufgelaufen und gesunken war. Kitchener ist bis heute das Zentrum der kanadischen Holz- und Schreinerindustrie: alles von ausgewanderten Deutschen gegründet.

Viele hielten Frasch für verrückt, sich ausgerechnet um das kanadische Erdöl zu kümmern. Denn dieses stank so gewaltig, dass es den Spitznamen „Skunk“ (Stinktier) trug und als unverkäuflich galt. Frasch fand heraus, dass der Gestank auf einen hohen Gehalt von Schwefelverbindungen zurückzuführen war. Er näherte sich seiner Lebensaufgabe: dem Schwefel.

Kurz: Frasch gelang es, dem kanadischen Erdöl das Stinken abzugewöhnen. Es gab jede Menge kanadisches Erdöl. Frasch war nun nicht mehr wohlhabend, er wurde reich. Wie es der Zufall so will, entdeckte die Standard Oil in Ohio ein riesiges Erdöllager. Dieses Öl stank genauso wie das kanadische Erdöl. Frasch hatte die Patente, um auch diesem Öl das Stinken abzugewöhnen. Standard Oil kam nicht an ihm vorbei. Frasch wurde noch reicher.

Längst hätte er sich zur Ruhe setzen können. Aber in seinem Forscherdrang war er dafür zu rastlos.

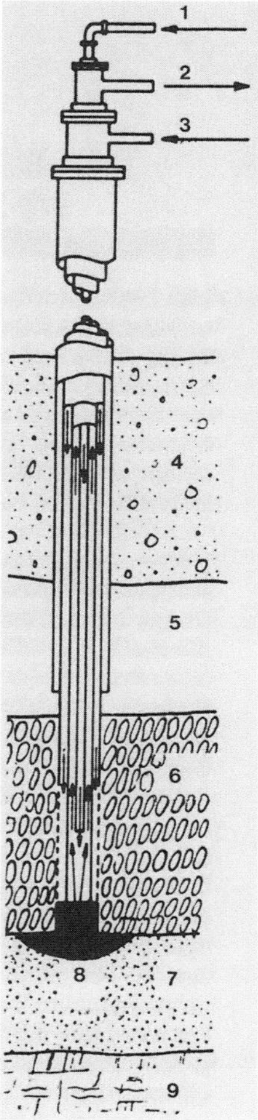


Die Schwefelpumpe nach Hermann Frasch: In die Röhre 1 wird Druckluft, in die Röhre 3 überhitztes Wasser (165 °C) gepresst, heraus kommt so aus der Röhre 2 heißer Schwefel in flüssigem Zustand.

In der Zusammenarbeit mit Standard Oil stieß er auf deren Partnergesellschaft, die gerade ein Projekt aufgab. In Louisiana war man beim Erdölbohren auf elementaren Schwefel gestoßen – in 140 Metern Tiefe unter Sümpfen und Treibsand. In den USA gab es keinen Schwefel. Der aber wurde dringend gebraucht, um Eisen und Stahl herstellen zu können, um Kunstdünger für einen riesigen Markt zu produzieren, und nicht zuletzt forderte die Rüstungsindustrie immer mehr Schwefel. Doch aller Schwefel musste aus Sizilien eingeführt werden. Sizilien war der einzige Ort der Erde, wo man Schwefel bergmännisch abbaute.

Mehrere Bergbaugesellschaften nacheinander gaben in Calcasieu, Louisiana auf. Jeder Versuch versank buchstäblich im Treibsand. Dann kam Frasch und riskierte sein Vermögen. Aufkaufen konnte er die Lagerstätte, die niemand nutzen konnte, billig. Aber seine Versuche kosteten Geld. Seine Idee war so genial wie einfach: Wenn man nicht zum Schwefel hinabkam, musste eben der Schwefel heraufkommen.

1896 gründete er die Union Sulphur Company, 1902 reichte es für eine schwarze Null, 1904 war er der Schwefelkönig von Louisiana und konnte erst den gesamten amerikanischen Markt beliefern, dann die ganze Welt.

Seine Idee: Schwefel wird bei 117 °C flüssig. Also pumpte Frasch überhitztes

Abtransport der Schwefelberge mit Güterzügen

Wasser – sprich: heißen Dampf – zusammen mit Pressluft hinunter, der Schwefel schmolz und durch den Druck kam er über ein eigenes Steigrohr flüssig herauf, erkaltete in großen Wannen und bildete ziemlich reinen Schwefel. Frasch förderte bis zu 500 Tonnen Schwefel am Tag. Seine Arbeiter bauten riesige Wannen aus Holzdielen, die nach dem Erkalten des Schwefels wieder abgebaut wurden. Mit Dampfbaggern wurden dann die Schwefelberge abgetragen und mit Güterzügen abtransportiert. Mit einer Abwandlung dieser „Frasch'schen Schwefelpumpe“ wird übrigens heute noch das umstrittene Fracking-Verfahren weltweit betrieben.

Frasch hat Gaildorf nicht vergessen. Und er war großzügig. Wandte sich jemand aus seiner alten Heimat in Not an ihn, wurde ihm geholfen. Zur Turn- und Sporthalle trug er mit einer großen Spende bei, und als der Bau nicht vorwärtsging, übernahm er die gesamten Kosten. Und die Kosten der Inneneinrichtung und Ausstattung gleich mit. Die Tragik der Weltgeschichte wollte es, dass dieser Bau ausgerechnet von amerikanischen Truppen am Ende des Zweiten Weltkriegs in Schutt und Asche gelegt wurde.

1914 starb er überraschend an Nierenversagen bei einem Besuch in Paris. Da er verfügt hatte, in Gaildorf begraben zu werden, ließ seine Frau auf dem Friedhof des Ortes eine Kopie des Salucci-Baus auf dem Wirtemberg errichten. Sie wollte dort ebenfalls begraben werden. Doch fünf Tage nach ihrem Tod 1924 ließ Fraschs Tochter Frieda seine Gebeine in Gaildorf ausgraben und auf dem Sleepy-Hollow-Friedhof bei New York wieder beisetzen – zusammen mit denen der Mutter.

Das Mausoleum wurde der Gemeinde Gaildorf geschenkt. Es ist bis heute dort die Leichenhalle.

# Heinrich Lanz

Porträt Heinrich Lanz

Eigentlich war er Spediteur in Friedrichshafen, der Johann Peter Lanz (1805–1891). Vom Hafen aus betrieb er Handel über den See mit der Schweiz und Österreich. Aber weil Handel keine Grenzen kennt oder keine kennen möchte, hatte er eine kleine Filiale in Mannheim aufgebaut, das seit Napoleon badisch geworden war.

Lanz war ein unruhiger Geist, was besonders der württembergischen Obrigkeit im Revolutionsjahr 1848 auffiel, sodass die Bürokraten mit Erfolg versuchten, ihm den Handel so schwer wie möglich zu machen. Da war es gut, Filialen wie Mannheim zu haben. Das war aber auch noch aus einem anderen Grund gut: Die Familie Lanz hatte fünf Söhne, die mussten alle untergebracht werden. Der dritte Sohn war Heinrich, 1838 geboren. Der machte in Mannheim in einem Kolonialladengeschäft eine Kaufmannslehre, arbeitete in Stuttgart und in Marseille und trat 1859, mit 21 Jahren, in das väterliche Geschäft ein. Die Filiale Mannheim war in der Zwischenzeit ein Handelsort für Guano-Dünger – Vogelmist aus Chile – geworden. Denn die Landwirtschaft brauchte Dünger, um bessere Erträge zu erwirtschaften. In Deutschland hatte die Industrialisierung an Rhein und Ruhr und in Schlesien begonnen und die Menschen brauchten Lebensmittel. Wer in Zechen und Stahlwerken schuftete, konnte keinen Weizen mehr anbauen.

Dünger war das eine – Kunstdünger und eine chemische Industrie gab es noch nicht. Etwas anderes aber waren die Maschinen. Maschinen für die Landwirtschaft, das wurde bald das Thema von Heinrich Lanz. Dieses Thema konnte er in Mannheim verwirklichen. Was in Württemberg nicht möglich war, ging in Baden. Dort konnte man es wenigstens versuchen. Wenn es dort nicht ging, dann eben in Amerika. Baden war liberaler, nach der gescheiterten Revolution von 1848 galt das immerhin noch für die Wirtschaft. Der strenge Vater war weit genug weg, nämlich nun in Ravensburg. So gründete der junge Lanz gleich nach dem Eintritt ins väterliche Geschäft 1859 zusätzlich noch ein eigenes „Unternehmen zur Verbreitung verbesserter landwirtschaftlicher Maschinen".

Aus dem 19. Jahrhundert stammt dieser Briefkopf der Firma Heinrich Lanz.

Wer so ein Programm schon im Titel trug, landete unweigerlich in England. Dort war man in der Technik führend, dort wurde Qualität erzeugt. Da ging es Lanz so wie seinem Landsmann Max Eyth.

In Deutschland wurden ebenfalls landwirtschaftliche Maschinen hergestellt. Doch die waren Schrott. Allerdings waren sie billiger als die englischen Maschinen, weshalb die weltweit führenden Engländer durchsetzten, dass die Maschinen aus Deutschland gekennzeichnet werden mussten: „Made in Germany“. Was heute noch wie ein Qualitätsmerkmal klingt, obwohl inzwischen auch deutsche Automobilbauer alles daransetzen, dass der Ausdruck wieder für Betrug und Murks steht, war damals eindeutig als Kennzeichnung für Schrott gemeint.

Das merkte auch Heinrich Lanz, tat sich mit einem Londoner Handelshaus zusammen, bezog die besten Maschinen aus England und stieg in den Vertrieb in Deutschland ein – von Mannheim aus.

Aus heutiger Sicht sind zwei Leistungen des Kaufmanns Heinrich Lanz bemerkenswert und herausragend: Marketing und Service. Beides gab es damals noch nicht, auch die Wörter waren unbekannt. Aber genau das machte Heinrich Lanz.

Stichwort Marketing: Lanz verfasste persönlich Kataloge über seine Produkte. Das waren aber keine Werbeprospekte. Seine Kataloge beinhalteten die neuesten Zahlen aus der Landwirtschaft, beschrieben Anwendungen, gaben Tipps und lieferten Informationen aus der Landwirtschaft. Kurz: sie hatten einen Mehrwert. Die Kataloge nahm man auch in die Hand, wenn man etwas Neues erfahren wollte.

Außerdem führte Lanz seine Maschinen im ganzen Land vor. Er war derart von seinen Produkten überzeugt, dass er auch schon mal eine Maschine auf einem Hof, auf dem er sie vorführen konnte, stehen ließ: „Da“, sagte er, „probiert es selber aus und kauft sie erst, wenn Ihr überzeugt seid!“ Das wirkte und sprach sich herum.

Neue Straßen-Lokomotive der Firma Heinrich Lanz im Katalog von 1905

Stichwort Service: Bereits nach einem Jahr richtete er eine Reparaturwerkstatt ein. Nicht, weil er seinen Maschinen nicht traute. Sondern weil er den Bauern versprach, dass er sie nicht im Stich lassen würde, wenn doch einmal etwas kaputtgehen würde. Auch das sprach sich herum. Aus dem Händler Lanz und seinen Angeboten wurde eine Marke.

Daraus entwickelte sich dann mit der Zeit eine eigene Werkstätte. Aus dem Händler wurde ein Fabrikant. Er wollte eigene, bessere Landmaschinen herstellen. Wo das nicht ging, importierte er weiterhin aus England. Bei Lanz sollte es immer das Beste auf dem Markt geben.

Für die Landwirtschaft baute Heinrich Lanz Lokomobile, Dampfdreschmaschinen und Strohpressen.

So führte er als Erster englische Dampfpflüge nach Deutschland ein und kombinierte sie mit Dampfdreschmaschinen, auch aus England importiert. Aber er baute sie nach und nach um und passte sie den kontinentaleuropäischen Gepflogenheiten an. So belieferte er Kunden in Österreich-Ungarn, Belgien, Holland, Frankreich und Russland. 1870 löste er sich vom väterlichen Unternehmen und firmierte nun selbstständig unter „Heinrich Lanz in Mannheim".

Im patriotischen Badner Lied heißt es in der zweiten Strophe (das Badner Lied enthält natürlich mehr schwabenfeindliche als patriotische Strophen):

„In Karlsruh' ist die Residenz,
In Mannheim die Fabrik,
In Rastatt steht die Festung
Und das ist Badens Glück."

Mit der Fabrik ist Lanz gemeint – seine Fabrik war der Ursprung der Industrialisierung Badens. Damit können Schwaben gut leben, schließlich war Lanz ja Schwabe.

Lanz war das, was man einen schwäbischen Patriarchen nennt. Mit allen Facetten. Das Repräsentieren im gesellschaftlich-öffentlichen Leben überließ er seiner Frau Julia. Ihn konnte man allenfalls in der Handelskammer oder in Expertenkommissionen antreffen. Auf der Weltausstellung 1900 in Paris freute er sich diebisch, als seine dort ausgestellte Dampfmaschine zur leistungsstärksten der Welt erklärt wurde. Sein Motto war: „Bleib dir treu, so wirst du deinen Weg machen." An seinem 60. Geburtstag gründete er zusammen mit seiner Frau die Heinrich-und-Julia-Lanz-Stiftung mit einer Million Mark. Zweck der Stiftung war die Gewährung außerordentlicher Hilfe für seine Angestellten und Arbeiter sowie deren Familien im Krankheits- und Sterbefall und in Fällen unverschuldeter Not. Auch konnten sich damals seine

Die Ausmaße der Lokomobilfabrik Heinrich Lanz in der Schwetzinger Vorstadt in Mannheim beeindrucken.

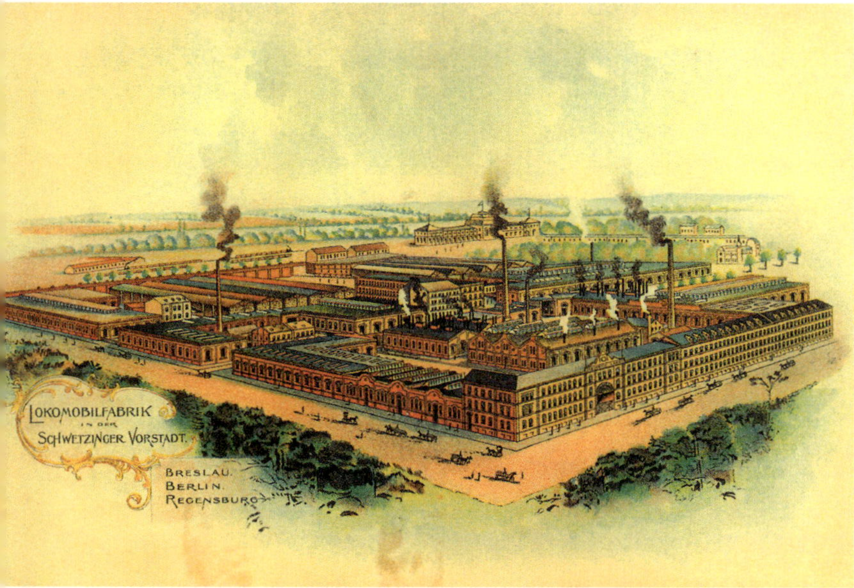

Gehälter, Urlaubsregelungen, Kantinen und der Arbeitsschutz durchaus sehen lassen.

Dennoch war es kein Zuckerschlecken, ein „Lanzer“ zu sein. In der Buchhaltung gab es keine Schreibtische und Stühle, es wurde an Stehpulten gearbeitet. Lanz war überzeugt, dass dies eine höhere Arbeitsleistung mit sich brächte. Fand er auf dem Boden eine Schraube, hob er sie auf und übergab sie dem zuständigen Meister, angeblich mit der Bemerkung: „Das ist mein Geld!“ Der Satz wird allerdings auch Robert Bosch beim Aufheben einer Büroklammer zugeschrieben. Der Gipfel aber war, dass er das persönliche Gespräch am Arbeitsplatz verbot. Auch hier galt sein Gesetz: „In meinem Unternehmen soll nie mehr als einer beieinander stehen!“

Lanz besuchte 1903 die USA und schaute sich dort in den Fabriken um. Zurückgekehrt nach Mannheim mit seinen 2500 Beschäftigten – Lanz war nun der zweitgrößte Dampfmaschinenhersteller der Welt und der größte Landmaschinenhersteller auf dem europäischen Kontinent –, wollte er seine Fabrik erneut zukunftsfähig machen. Er führte die arbeitsteilige Produktion ein – und die Stechuhr. Wegen der Stechuhr gehorchten die Arbeiter ihrem Patriarchen nicht mehr und gingen in den Streik. Lanz reagierte mit Aussperrung und Lohneinstellung. In Mannheim drehte sich kein Rad mehr. Bosch ist es in Feuerbach ähnlich ergangen.

Beide verloren ihre Arbeitskämpfe. Der Niedergang der Patriarchen begann. Lanz hat das persönlich nie verwunden. Er starb 1905.

Sein Unternehmen aber hatte noch lange Weltgeltung und landete mit dem legendären Lanz-Bulldog 1921 einen neuen Volltreffer in der Geschichte der Industrialisierung der Landwirtschaft. Ab 1956 wurde das Unternehmen vom amerikanischen Konzern John Deere nach und nach übernommen.

Was für eine wunderbare Zeile

# Ottmar Mergenthaler

„Oh what a wonderful line of types!“ (Was für eine wundervolle Linie von Buchstaben!), soll der Herausgeber der NEW YORK TRIBUNE 1886 ausgerufen haben, als aus der Rotation das erste Exemplar seiner neu gedruckten Zeitung herausgekommen war. Gestochen scharf war jede Zeile gedruckt, in sattem Schwarz, die Frontseite seines Blattes so, wie wir es heute von unseren Tageszeitungen gewohnt sind, nur viel schwärzer. Jedenfalls so, wie noch nie vorher eine Zeitungsseite ausgesehen hatte. Das war der Erfolg der Setzmaschine von Ottmar Mergenthaler, die hier zum ersten Mal in Einsatz kam. „Line of types“ – damit war aber zugleich auch ein Name für diese Maschine erfunden, der zu einem Markennamen wurde: LINOTYPE. Einer anderen Quelle zufolge soll dieser Satz von der Ehefrau des amerikanischen Präsidenten Cleveland stammen, als sie die erste so hergestellte Zeitung in Händen hielt.

Ottmar Mergenthaler war das, was man in den USA einen „Underdog“ nannte – sprich: er kam von ganz unten. Sein Vater war ein „armes Dorfschulmeisterlein“ und stammte aus Hohenacker bei Waiblingen. Als junger Dorfschullehrer wurde er nach Hachtel in der Nähe von Mergentheim versetzt, also ins Hohenlohische, und dort ins einstige Land des Deutschritterordens. Alles vorbei, denn nach 1806 war man württembergisch, auch wenn man aufsässig blieb. So setzte die württembergische Regierung des Königs eben schwäbische Pfarrer, Beamte und Lehrer ins Hohenlohische. Sozusagen als Aufsicht. Das haben die Hohenloher den Schwaben nie verziehen.

1854 kam Ottmar Mergenthaler in Hachtel zur Welt. Die Familie wurde aber bereits zwei Jahre später nach Neuhengstett bei Calw versetzt, nach vier Jahren dort wurde sein Vater Dorfschullehrer in Ensingen bei Vaihingen an der Enz. Ottmar war sieben Jahre alt, als seine Mutter starb.

Nicht umsonst spottet das Volkslied über das „arme Dorfschulmeisterlein“. Der Lehrer hatte eine kleine Dienstwohnung oben im Schulhaus. Sein Gehalt war zu wenig zum Leben und zu viel zum Sterben. Also waren alle Lehrer nebenher noch Kantoren in der Kirche, spielten die Orgel, leiteten Kirchen- und Leichenchor und oft genug spielten sie noch gegen Essen und Trinken zum Tanz bei Hochzeiten auf. So wuchs klein Ottmar auf.

Ottmar hatte ein Faible für Technik. Als die Kirchturmuhr kaputtging, reparierte sie der Junge. Doch Ausbildung kostete damals Geld. Der Vater konnte gerade so die Realschule für die beiden älteren Brüder bezahlen, für Ottmar blieb nichts mehr übrig. So begann er in Bietigheim 1868 eine Lehre als Uhrmacher. Die Theorie lernte er, indem er die Abend- und die Sonntagsschule besuchte.

Bietigheim war auch nicht gerade die Welt. Nach dem Abschluss der Lehre war ihm alles zu eng. Am 26. Oktober 1872 setzte er seinen Fuß in Baltimore auf amerikanischen Boden. Im Deutschen Auswandererhaus in Bremerhaven kann man anschaulich die damaligen Auswandererströme verfolgen. Dort ist beispielsweise die Situation unter Deck der Zwischendeckpassagiere anschaulich nachgebaut. Ottmar Mergenthaler reiste ebenfalls so. Wenn man im Museum einzelne Kisten öffnet, erfährt man die Geschichte der Auswanderer. Eine der Kisten trägt den Namen von Ottmar Mergenthaler.

Mergenthaler ging zu seinem Vetter August Hahl nach Washington, D. C. Dieser besaß eine Werkstatt für Messgeräte und hatte ihm das Geld für die Reise in die USA vorgestreckt. Dafür musste Mergenthaler nun bei ihm das Darlehen abarbeiten. Energie und Ehrgeiz, Fleiß und Talent brachte er mit, Präzision hatte er schon in Bietigheim gelernt. Mergenthaler war wild entschlossen, aus seinem neuen Leben etwas zu machen.

Nach amerikanischem Recht musste bei der Anmeldung von Patenten beim Patentamt in Washington immer auch ein Modell dessen, was man anmelden wollte, mitgeliefert werden. Eine Zeichnung allein reichte nicht. Auf diesen Modellbau war die Werkstatt von Hahl spezialisiert. Mergenthaler baute die Modelle und bekam so viele neue Erfindungen, aber auch Pannen, Pech und Pleiten mit. 1883 eröffnete er seine eigene Werkstatt.

Seit 1881 war er mit Emma Lachenmaier verheiratet – einer Tochter deutscher Einwanderer.

In der damaligen Zeit machten die Drucker große technische Fortschritte. Nur kamen die Setzer mit diesem Fortschritt nicht mit. Noch immer wurde jede Zeile eines Zeitungsartikels im Handsatz gesetzt – wie zu Gutenbergs Zeiten im ausgehenden Mittelalter. Ein guter Setzer schaffte so 1400 Zeichen in der Stunde. Für

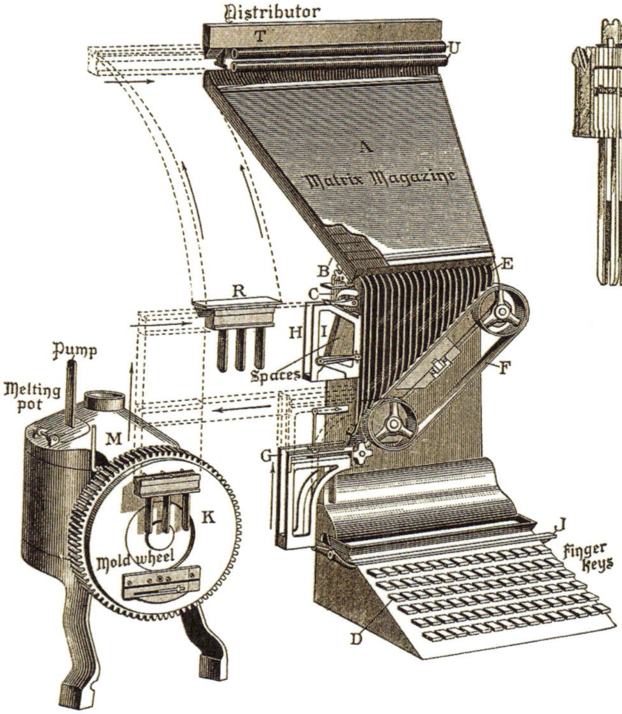


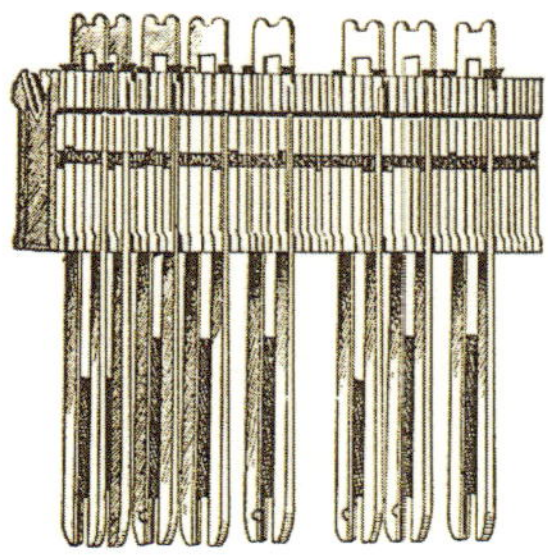

Die Linotyp-Setzmaschine gießt eine Form aus Metall mit seitenverkehrt eingeprägten Buchstaben, die die Lettern liefert, nach Anschlägen auf einer Art Schreibmaschine.

die Drucker war das zu wenig. So mussten sechs Setzer gleichzeitig für einen Drucker arbeiten, damit der seine normale Arbeit mit den immer besser werdenden Druckmaschinen machen konnte.

Viele Erfinder machten sich daran, den Setzvorgang zu automatisieren. Mergenthaler baute ihre Modelle für die Patentanmeldung oder wurde gleich selbst von ihnen zurate gezogen, denn keinem gelang der Durchbruch. Mergenthalers Ideen wurden Schritt für Schritt besser, dieser Fortschritt wurde jedoch immer nur in Kleinigkeiten sichtbar. Zum großen Ganzen passte noch nichts zusammen. Durch die Fortschritte in kleinen Details wurden Geldgeber immerhin auf Mergenthaler aufmerksam, der bekam eine Finanzierung zusammen und verbiss sich in die Probleme.

1886 war es dann so weit. Mergenthalers erste Maschine mit umlaufenden Messingmatrizen, einer Art Schreibmaschine mit einer angeschlossenen Bleigießerei, begann ihre Arbeit bei der NEW YORK TRIBUNE und ermöglichte es dem Setzer, 6000 Zeichen pro Stunde für den Druck bereitzustellen. Eine Revolution.

Mergenthaler war nicht zufrieden. Unentwegt arbeitete er an der Verbesserung der Setzmaschine und stellte 1889 auf der Weltausstellung in Paris seine „Simplex" vor. Sie war die Sensation der Weltausstellung und machte Mergenthaler weltberühmt. Thomas Alva Edison bezeichnete die Maschine als „achtes Weltwunder".

Der ewig rastlose und nie zufriedene Mergenthaler war schon ein Jahr zuvor an einer Rippenfellentzündung erkrankt, hatte sie aber nicht auskuriert, sondern ignoriert. 1894 lautete die

Setzer an Linotype-Setzmaschinen in Chicago, fotografiert von Lee Russell

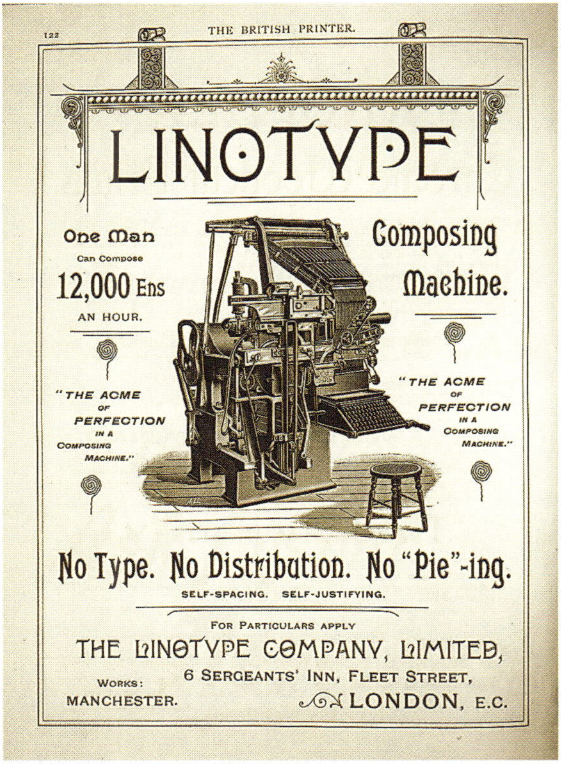


Weltweit warb Ottmar Mergenthaler für seine Setzmaschine.

Diagnose Tuberkulose. Davon erholte er sich nun nicht mehr. Er tüftelte bis zum Ende und starb mit 45 Jahren im Jahr 1899. In Baltimore ist er begraben.

Bis in die 80er-Jahre des letzten Jahrhunderts wurden seine Linotype-Setzmaschinen gebaut und weltweit eingesetzt. Über eine Lochstreifensteuerung schafften sie schließlich 25 000 Zeichen in der Stunde. Dann übernahmen der Computer und moderne Druckverfahren. Linotype war Geschichte.

Mit dem Kampf gegen Würmer fing alles an

# Karl Pfizer

Porträt Karl (Charles) Pfizer

1848! Das Volk war erregt. Revolution lag in der Luft. Und in Baden ging es los. Auch in Württemberg gärte es. Viele Bürger hatten die Bespitzelung und Bevormundung durch den Polizeistaat satt, lehnten den absolutistischen Machtanspruch des Adels ab und wollten mitreden. Demokratische Gedanken lagen wie Hefepilze in der Luft und vermehrten sich rasant.

Von solchen demokratischen Gedanken waren auch zwei junge Ludwigsburger Burschen infiziert: Karl Pfizer, Apothekerlehrling, und Karl Erhardt, Konditor. Sie waren Cousins. Von Ludwigsburg aus war es nicht weit bis zum „Demokratenbuckel“ in Asperg. So wurde damals die Festung Hohenasperg genannt, weil der württembergische König dort die politischen Gefangenen einsperren ließ – und das waren in dieser Zeit eben demokratisch Gesonnene.

Als es für Demokraten enger wurde, fühlten auch die beiden die Staatspolizei näher kommen, und sie beschlossen, in die USA auszuwandern.

In Williamsburg, einem Bezirk im Stadtteil Brooklyn, New York, ließen sie sich nieder. Sie wurden freundlich aufgenommen, auch wenn ihnen auffiel, dass manche New Yorker in gekrümmter Haltung herumhasteten. Des Rätsels Lösung: In New York grassierte epidemisch eine parasitäre Wurmkrankheit. Im Klartext: Die hygienischen Bedingungen waren so, dass viele Menschen unter Darmwürmern litten.

Karl Pfizer hatte eine Idee. Er wusste, dass es dagegen ein gutes Mittel in der Ludwigsburger Apotheke gegeben hatte, nämlich zerriebene Rinde des China-Baums. Der Baum hatte nichts mit China zu tun, sondern mit Chinin. Seine Rinde bezog man aus Südamerika, aber der Name wurde zu „China“ verballhornt. Diese Rinde schmeckte fürchterlich bitter, half aber gegen Fieber und Malaria.

Zu meiner Jugendzeit noch gab es bittere Pillen gegen Malaria – Resochin genannt. Der Wirkstoff war Chinin.

Die beiden kauften sich die Bestandteile, mixten und drehten daraus Pillen, die sie unter dem Namen Santonin mit ihrem Bauchladen verkauften. Leider waren die Pillen ohne Wirkung, weil die Leute sie lutschten, anstatt sie zu schlucken. Da sie einfach fürchterlich bitter waren, spuckten sie die Pillen gleich wieder aus. Nun war guter Rat teuer und den beiden ging so langsam das Geld aus.

Also fingen die beiden an zu denken. Und zwar dialektisch, was, wie anfangs ausgeführt, jeder Schwabe kann: die Sache von zwei Seiten betrachten, miteinander vergleichen und einen neuen Schluss daraus ziehen.

Genauso machten es die beiden. Das Zeugs wirkt nicht, weil

es bitter ist. Also denken wir mal in süßen Kategorien. Pfizer machte erneut seine Pillen, Erhardt – ausgebildeter Konditor – umgab sie mit Zuckerguss. Mit dem Spruch „Zweimal lutschen! Dann schlucken!“ verkauften sie das neue Santonin. Der Erfolg war da.

Schon 1849 gründeten sie in Brooklyn die „Chas. Pfizer u. Co, Inc.“, produzierten Santonin in großem Stil und außerdem nach und nach die Stoffe, die es in den USA nicht oder noch nicht gab, zum Beispiel Jodsalze und Borax und Borsäure. Die Firma wuchs und wuchs.

Pfizer kam immer mal wieder nach Europa, um seine alte Heimat zu besuchen und um Kontakt mit seinen Lieferanten zu halten. 1859 heiratete er in Ludwigsburg seine Jugendliebe Anne Lisette Bausch und nahm sie mit in die Neue Welt.

Als 1861 der Bürgerkrieg begann, konnte Pfizer den Unionstruppen „Cremor Tartari“ liefern – hergestellt aus Weinstein. Die Unionssoldaten hatten damit eine Medizin für ihre Wunden, die Soldaten der Südstaaten hatten nichts. Diese Geschichte sollte sich wiederholen. Als die Alliierten 1944 in der Normandie landeten, hatten die G.I.s Penicillin in ihren Sanitätstaschen – produziert von Pfizer. Die Soldaten der Deutschen Wehrmacht kannten diesen Stoff nicht.

Die Russen auch nicht. Nicht nur Berlin war nach 1945 eine Stadt mit vier Mächten, Wien war es ebenfalls. Auch wenn hier vier Mann gemeinsam in einem Jeep auf Patrouille gingen, waren die Sektoren zwischen den West-Alliierten und den Sowjets streng getrennt. Also blühte der Schmuggel. Zu den begehrtesten Schmuggelwaren gehörte Penicillin. Orson Welles drehte darüber einen legendären Spielfilm und spielte darin die Hauptrolle – das Penicillin wurde durch die Kanalisation geschmuggelt: „Der dritte Mann“. Die Filmmusik mit dem Zitherspiel wurde ebenfalls legendär.

Karl Pfizer, oder Charles Pfizer, wie er sich in den USA nannte, starb 1906 in Newport, Rhode Island. Von seinen fünf Kindern sind zwei ins Unternehmen eingestiegen. Pfizer ist heute nicht unumstritten, aber der größte Pharmakonzern der Welt. 2009 gelang der Firma ein weiterer Clou: Sie brachte Viagra auf den Markt. Kommentar des Schwaben zu Viagra: „Scho reacht! Aber fir dahoim z'deier!" (Schon recht! Aber für zu Hause zu teuer!)

Die größte schwäbische Brauerei der Welt

# Heinrich Beck

Na ja, ein gewisses Augenzwinkern gehört schon dazu, um die Brauerei von Heinrich Beck so zu nennen.

Am 21. Dezember 1832 kam Heinrich Beck in Eislingen an der Fils zur Welt. Als Sohn eines Metzgers bzw. Fleischers lernte er in der Brauerei und Gaststätte zum Adler in Eislingen das Handwerk des Bierbrauers. Die Brauerei gibt es nicht mehr, den Gasthof schon.

Er war ein aufgeweckter Lehrling, der hinter alle Geheimnisse des Biers kommen wollte. Damals braute man braunes, obergäriges Bier – die Bierhefe schwamm also oben. In den Sommermonaten konnte man nicht brauen, es war zu warm. Meist war Ende März schon Schluss mit dem Brauen – also braute man als letzten Sud ein besonders süffiges Bier mit höherer Stammwürze, um es bis in den Sommer hinein lagern zu können. Durch die höhere Stammwürze war der Alkoholgrad höher und es hielt dadurch länger. Daraus entstand mit der Zeit der Biertyp „Märzen". Gelagert wurde das Bier in tiefen Kellern, dessen Wände mit Natureis ausgekleidet waren. Dieses Eis wurde im Winter aus besonderen Eisseen gebrochen und herausgesägt und gleich in die Keller gebracht. So konnte man das Bier, das ja auch noch reifen musste, in

den Sommer retten. Waren allerdings nicht genug Vorräte gebraut oder wurde das Bier schneller getrunken als gedacht, dann musste man bis in den Frühherbst warten, um wieder Bier brauen zu können. Generationen von Bierbrauern tüftelten an Lösungen herum, wie man besseres, von der Jahreszeit unabhängiges Bier brauen könnte.

Auch Heinrich Beck wollte experimentieren. Das aber ging in der Adler-Brauerei nicht. Da setzte man auf das Altbewährte, auf das, was gewünscht wurde und was sich verkaufen ließ. Beck machte seine Erfahrungen mit den eingangs des Buches erwähnten schwäbischen Glaubenssätzen.

Mit 22 Jahren packte er zusammen mit seinem Bruder Joseph seine Sachen und sie gingen als Auswanderer in die USA. In Fort Wayne im Bundesstaat Indiana fanden beide eine neue Heimat. Hier gab es viele Deutsche, und die fanden Geschmack am Sud der beiden Deutschen, die dort Bier brauten.

1864 kam er zurück nach Bremen – besuchsweise. Es gibt eine schöne Geschichte, die besagt, er sei nach Deutschland gereist, um seinen kranken Vater zu sehen und seine vier Schwestern bei ihrer Aussteuer zu unterstützen. In Bremen angekommen, seien ihm Pass, Ticket und Geldbeutel gestohlen worden. Mit nichts in der Tasche habe er sich um Arbeit als Brauer bemüht und sei bei der Bavaria-Brauerei St. Pauli zu Brot und Arbeit gekommen.

Mag sein – historisch belegt ist jedenfalls, dass er 1865 dort Christine Duering geheiratet hat, mit der zusammen er vier Kinder bekam. 1872 beantragte er die Bremer Staatsbürgerschaft. Das war kein leichtes Unterfangen, denn als schwäbisch sprechender Amerikaner wird man nicht so einfach Deutscher. Im neuen, preußisch orientierten Kaiserreich schon gar nicht. Aber schließlich klappte es doch und so konnte er 1873 mit dem Bremer Baumeister Lüder Rutenberg und dem Kaufmann Thomas Mayr die „Kaiserbrauerei Beck & May o.H.G." gründen. Seine Braukunst war schon aufgefallen – auch dem Kronprinzen und späteren deutschen Kaiser Friedrich III., der ihm eine goldene Medaille verlieh für das beste Bier, das er nach eigener Aussage je getrunken hatte.

Beck experimentierte unentwegt. Bier musste lagern und reifen, bevor man es trinken konnte. Lagerzeit aber bedeutet totes

Kapital. Das gefiel ihm nicht, da war er Schwabe. Gleichzeitig machte er die Beobachtung, dass die Kapitäne der Schiffe sehr oft den Hafen leer verließen, weil immer noch nach Deutschland mehr eingeführt als ausgeführt wurde. Um die Segelschiffe nicht zu hoch aus dem Wasser ragen zu lassen – bei Schräglage konnten Segelschiffe so leicht kentern –, nahmen die Kapitäne Steinbrocken als Ballast mit. Mit dialektischem Denken konnte man sich doch fragen, warum die Kapitäne dann nicht gleich Bierfässer auf die Reise mitnahmen? Beck schlug ihnen das vor und als Mehrwert gab es gleich noch ein Geschäft: Wenn sie die Fässer unterwegs verkauften, sollten sie am Erlös beteiligt werden. So konnte man bald überall auf der Welt Becks Bier kaufen – es wurde weltweit zum Synonym für deutsches Bier. Und Beck brauchte keine aufwendige Lagerhaltung.

Dafür baute er die neue Brauerei direkt am Hafen und nahm eine neue Anwendungsform der Dampfmaschine gleich in den Betrieb mit auf: Als es nämlich Carl Linde gelang, mithilfe der von ihm entwickelten Kaltdampfmaschine Kälte künstlich zu erzeugen, war Beck wieder mit dabei. Mit Kälte konnte man nicht nur Fässer kühlen und musste somit im Winter nicht mehr Eis brechen, sägen, transportieren und aufwendig lagern, mit Kälte konnte man auch den Gärprozess steuern und somit die neuen Hefen einsetzen, die niedere Temperaturen brauchten. Es waren Hefen aus dem tschechischen Pilsen, mit denen dort erstmalig ein helles

Ein großer Fortschritt war der Einsatz von Edelstahlfässern.

Das charakteristische Etikett der Biermarke gibt es seit jeher.

Bier gebraut worden war. Im deutschen Radeberg wurde es bereits in kühlen Kellern nachgebraut. Beck machte das nun mit Kältemaschinen von Linde industriell – und verschiffte deutsches Pils weltweit. Damit wurde auch der Biertyp Pilsener weltweit bekannt.

So bekam Heinrich Beck 1876 auf der Weltausstellung in Philadelphia/USA die Goldmedaille für das beste kontinentale Bier. Diese Goldmedaille ziert zusammen mit der Goldmedaille des Kaisers bis heute noch jede Flasche Beck's Bier.

1881 ist Beck in Bremen gestorben. Seine Brauerei gehört heute Anheuser-Busch InBev mit Sitz in Leuven (Belgien) bzw. Brüssel, der größten Brauerei der Welt.

Nebenbei: Die Schulden seines Vaters in Eislingen hat er damals beglichen und auch dafür gesorgt, dass die vier Schwestern eine ordentliche Aussteuer erhielten.

Gold und Diamanten waren sein Schicksal

# Friedrich Eckstein

Porträt Friedrich Eckstein

Der Rand ist die offizielle Währung der Republik von Südafrika. Benannt ist das Geld nach dem Gebiet der größten Gold- und Juwelenmine des Staates – dem Witwatersrand, rund 60 km südlich der Hauptstadt Pretoria. Friedrich Eckstein aus Stuttgart-Birkach hat das Gebiet erschlossen.

Von Juli 1851 bis zum Dezember 1869 war Carl Heinrich Eckstein Pfarrer in Birkach. Er hatte sieben Kinder, sein jüngstes, Friedrich Gustav Jonathan, wurde 1857 im Pfarrhaus in Birkach geboren. 1882 wanderte Friedrichs älterer Bruder Hermann nach Südafrika aus, um auf den dortigen Diamanten- und Goldfeldern sein Glück zu versuchen. Dabei hatte er eine glückliche Hand. Zuerst Minenverwalter, dann Bankier – er machte schnell Karriere.

Friedrich folgte ihm 1890 nach Südafrika. Er wollte oder konnte nicht Theologie studieren, stattdessen machte er eine kaufmännische Ausbildung. In Johannesburg war er schnell als Kaufmann erfolgreich. Jedenfalls nannte er sich in seiner Korrespondenz mit der Heimat schon sehr früh „Großkaufmann". Steine haben ihn auch interessiert – also Geologie. Zusammen mit seinem Bruder erkannte er sehr früh das Potenzial des neuen Goldfelds „Rand" im Witwatersrand in Transvaal in Südafrika. In Südafrika gelten beide bis heute als Pioniere in Sachen Erschließung von Goldfeldern und Finanzierung des Abbaus.

Er sicherte sich die Schürfrechte, besorgte Kredite und finanzierte so die neu entstehenden Bergbaugesellschaften. Das Goldfeld war über Jahrzehnte das ertragreichste Goldgebiet der Welt – so ertragreich, dass Südafrika 1961 sogar seine Währung nach dem Gebiet benannte: der Rand war geboren.

So wurde Friedrich Eckstein wegen seines guten Rufes auch bald Partner von Werner Beit und Julius Weinher, beides ebenfalls ausgewanderte Deutsche, die Gold- und Diamantenabbau schon vorher in Südafrika betrieben hatten und bereits über die entsprechenden Verbindungen zur Goldbörse nach London und zur Juwelenbörse nach Amsterdam verfügten. Weil Friedrich Ecksteins Geradlinigkeit und Ehrlichkeit im Goldgräberklima Südafrikas auffiel – dort herrschten Zustände wie im Wilden Westen –, machte er entsprechend schnell Karriere. So wurde er Vorsitzender der einflussreichsten Dachorganisation der Minengesellschaften, der Central Mining & Investment Corporation. Er heiratete 1890 Catherine Mitchell of Kimberley. Das Paar hatte eine Tochter und einen Sohn. 1901 zog die Familie nach London. Dort nahm Eckstein 1906 die englische Staatsbürgerschaft an.

1910 kaufte er seinen eigenen Landsitz, Ottershaw Estate, baute ihn komplett neu, um dann zu entdecken, dass er seiner Frau nicht gefiel. 1919 gab er nach, verkaufte das Anwesen und kaufte Oldlands Hall in Fairwarp, Sussex. 1929 wurde er vom englischen König in den Adelsstand als Baron erhoben, denn er hatte sich um die Einwohner und die Regierung des Sudans verdient gemacht, so jedenfalls steht es in der Begründung des Königs von England. 1930 starb er und wurde auf dem Friedhof in Fairwarp unter großer Anteilnahme der Bevölkerung begraben. Der Bericht über seine Beerdigung mit Bild füllte eine ganze Zeitungsseite.

Friedrich Eckstein war auch ein Mäzen für Birkach. Denn er vergaß das kleine Dorf auf den Fildern nie. Im Lauf der Zeit spendete er den Birkachern eine komplette Wasserleitung für das Dorf, einen großen Teil der Straßenbeleuchtung und den Kindergarten, der heute „Villa Eckstein“ heißt. Außerdem finanzierte er die elektrische Beleuchtung aller öffentlichen Gebäude. Die Birkacher dankten höflich und fragten zugleich nach, ob er nicht auch noch die Beleuchtung der Kirche und des Pfarrhauses übernehmen wolle. Eckstein sagte zu, allerdings nur bis in eine Höhe von 1000 Goldmark – was sehr großzügig war. Die Birkacher langten zu, am Schluss kostete der Spaß 2300 Goldmark. Eckstein sandte einen Scheck in dieser Höhe mit den Worten: „Ich will nur hoffen, dass die Gemeinde Birkach guten Nutzen von der Sache hat, dann bin ich ganz zufrieden!“

1914 brach der Erste Weltkrieg aus und Teile der deutschen Bevölkerung konnten sich gar nicht genug überbieten in Kriegsbegeisterung.

> „Jeder Schuss ein Russ’,
> Jeder Stoß ein Franzos’,
> Jeder Tritt ein Britt’!“

So sangen schon die Kinder auf der Straße. Da erinnerte man sich, dass der Wohltäter der Gemeinde ja englischer Staatsbürger geworden war und zusammen mit anderen Briten deutscher Nationalität eine Ergebenheitsadresse an den englischen König gerichtet hatte. Nun wurde er auf einmal zum „Volksverräter“ und „Nestbeschmutzer“. Verunglimpfende Artikel über ihn erschienen in den deutschen und württembergischen Zeitungen. Am 19. August 1915 wurde er aufgrund königlichen Erlasses aus dem Ordenskapitel der Träger der Orden der Württembergischen

Krone ausgeschlossen. In Birkach rührte sich keine Hand zur Verteidigung, niemand machte den Mund auf.

Es ist ein Treppenwitz der Weltgeschichte, dass 1914 in Südafrika die gleiche Hysterie herrschte. Eckstein war ja immer noch Vorsitzender der Central Mining & Investment Corporation. Und für die Johannesburger war er ein Deutscher. Er nahm die Hysterie in der dortigen Presse und in den Salons zur Kenntnis und trat vom Amt des Vorsitzenden zurück.

Eckstein hatte eine besondere Leidenschaft: Er liebte Kirchenglocken. So finanzierte er auch Kirchenglocken in Birkach, nämlich in seiner geliebten Franziskakirche. In seinem neuen Wohnort, Fairwarp, machte er es ebenso. Zugleich schrieb er einen Wettbewerb im Läuten von Kirchenglocken aus. Da er in den Gemeinden ringsherum ebenfalls die Kirchenglocken stiftete, entstanden überall Kirchenglocken-Läute-Vereine, die nun sonntags in Wettstreit miteinander traten. Die Glocken waren aufeinander abgestimmt, wurden von Hand geläutet. Die eine Gemeinde begann, war das Geläute zu Ende, begann die nächste, so ging das reihum über die Dörfer. Eckstein stiftete einen Wettbewerb und einen Preis. Die Glocken von Fairwarp und den Dörfern ringsum werden noch heute von Hand im Wettstreit miteinander geläutet.

Ecksteins Grab auf dem Friedhof in Fairwarp gibt es heute noch. Auf dem Grabstein ließ er hinten eine Inschrift anbringen: „in labore credo“.

Das ist eigentlich eine echt schwäbische Inschrift. Wörtlich heißt das: „Ich glaube an die Arbeit!“ Das aber würde kein Schwabe so sagen. Denn er glaubt an Gott, nicht aber an die Arbeit. Man muss das ins Schwäbische übertragen: „’S schaffa brengt’s!“ wäre meine Übertragung. Das heißt nicht: „Arbeit lohnt sich“ – denn ein Schwabe arbeitet nicht, er schafft! Vom Wortsinn hängt das Wort „schaffen“ mit „erschaffen“ zusammen – und dann ist es nicht mehr weit bis zum „Schöpfer“. Es ist ja so mit der schwäbischen Mentalität: Im Schaffa ist der Schwabe seinem Schöpfer nah, da verwirklicht er sich, da wird er kreativ. Da geht es um mehr, da geht es um etwas Höheres. Das Schaffen ist der tägliche Gottesdienst des Schwaben. Wer das begreift, begreift auch seinen schwäbischen Nachbarn. Denn: 'S schaffa brengt's – in labore credo!

Ach ja! Die Birkacher haben sich nach dem Ersten Weltkrieg noch mal bei Friedrich Eckstein gemeldet. Nicht mit einer Entschuldigung – oh nein –, sie schickten einen Bittbrief. Die Inflation habe sie doch sehr gebeutelt, ob er nicht noch mal einen Scheck ...

Er hat nie geantwortet.

Der erste Schwabe in den USA

# Conrad Weiser

Nach schwäbischem Selbstverständnis war bei der Entdeckung Amerikas durch Christoph Kolumbus natürlich auch ein Schwabe mit dabei. Dieser schwäbische Matrose hatte Dienst am Ausguck der „Santa Maria“, als die ersten Indianer gesichtet wurden. Er rief: „Isch bei Eich au oiner aus Bebleng mit drbei?“ Die Antwort kam prompt: „Noi, aber oiner aus Sendelfeng“ – Böblingen und Sindelfingen verstehen sich auch heute noch als Rivalen.

Der erste Schwabe, der sich in den USA nachweisen lässt, war Conrad Weiser aus Affstätt und Großaspach. Der US-Bundesstaat Pennsylvania ehrt ihn bis heute. Sein letzter Wohnsitz ist ein Museum, ein Wald wurde nach ihm benannt: Weiser State Forest. Seit 2010 trägt die Grund- und Hauptschule Großaspach seinen Namen.

Conrad Weiser wurde 1696 in Affstädt geboren, heute ein Teilort von Herrenberg. Sein Vater diente dort bei den Württembergischen Blauen Dragonern. Schon bald nach seiner Geburt quittierte der Vater den Militärdienst und zog mit der Familie in seinen Heimatort Großaspach.

Es war eine schlimme Zeit. Die Verwüstungen des Dreißigjährigen Krieges waren noch nicht beseitigt – zu groß waren die Verluste durch Mord, Totschlag und Pest. Da brach der Pfälzische Erbfolgekrieg aus. Der französische Sonnenkönig Ludwig XIV. wollte unbedingt die Pfalz unterwerfen und schickte seinen Mordbrenner Marschall Mélac durch die Lande. Der scheiterte zwar an den mutigen „Weibern von Schorndorf", ging aber als Verwüster der Pfalz und des Heidelberger Schlosses in die Geschichte ein.

Franzoseneinfälle, strenge Winter, erbärmliche Ernten: Es muss die Hölle gewesen sein. 1709 starb die Mutter Anna Magdalena während ihrer 15. Schwangerschaft an der Gicht. Der Vater zog mit acht Kindern in die Pfalz und nahm dort an der Massenauswanderung der Pfälzer 1709 teil.

Das Ziel war Pennsylvania. Die Schiffspassage wurde den Auswanderern im Voraus bezahlt, die Kosten hatten sie in Pennsylvania als Siedler zurückzuerstatten. Das funktionierte aber nur sehr selten. Viele Auswanderer starben bereits bei der Überfahrt. Die Besiedlung war auch kein Zuckerschlecken. Zwar waren die Indianer friedlich – in Pennsylvania hatte man es mit dem Stamm der Irokesen zu tun. Doch siedeln hieß erst einmal Land gewinnen, den Wald abholzen, Wurzeln herausreißen, Boden urbar machen, gegen wilde Tiere kämpfen, gelegentlich auch gegen andere Siedler sich verteidigen. Kurz, mit Rückzahlung war da sehr wenig zu machen. Im Gegenteil: Die Regierung musste die Siedler finanziell unterstützen, damit sie nicht verhungerten und genügend Saatgut für die Zukunft hatten.

Das ging so leidlich bis 1712. Dann stellte die Regierung im September die Zahlungen an die Siedler ein und überließ sie ihrem Schicksal. Vater Weiser siedelte in das Schoharie County um, nachdem er mit den zu den Irokesen gehörenden Mohawk-Indianern verhandelt hatte. Der Häuptling der Mohawk schlug vor, den sechzehnjährigen Conrad im Wigwam der Indianer zu lassen. Heute lässt sich nicht mehr feststellen, ob dies freiwillig geschah oder ob Conrad als Pfand diente bzw. ob es eine Geiselnahme war. Conrad lebte also ein Jahr bei den Mohawk, lernte ihre Sprache und ihre Kultur. Das war eine Investition in die Zukunft.

1720 heiratete er mit 24 Jahren die deutsche Einwanderin Anna Eva Feck. Beide zogen als neue Siedler den Susquehanna River hinab in den Süden und gründeten eine Farm in Tulpehocken – beim heutigen Reading (Berks County, Pennsylvania). Die beiden hatten 14 Kinder miteinander. Sieben überlebten die Kindheit. Ihre Tochter Anna Maria heiratete den Pfarrer Henry Melchior Mühlenberg, den Begründer der Lutherischen Kirche Amerikas.

Weiser war Siedler. Da er aber die Sprache der Irokesen beherrschte, war er immer auch als Dolmetscher und Diplomat gefragt. So verhandelte er zwischen den Siedlern und den Irokesen, konnte manche Konflikte eindämmern, wenn auch den Indianer- und Franzosenkrieg 1754–1763 nicht verhindern. Dieser Krieg war das nordamerikanische Pendant zum Siebenjährigen Krieg 1756 bis 1763: Während in Europa Friedrich der Große, verbündet mit England, gegen die Habsburger und Franzosen ums Überleben kämpfte, tobte der gleiche Krieg in den USA zwischen Franzosen und Engländern. Beide Seiten waren jeweils mit befeindeten Indianerstämmen verbündet. Da waren Leute wie Weiser gefragt, wenn sich die Erkenntnis durchsetzte, dass es mit Waffen nicht mehr weiterging. Er war es auch, der zu den Indianerstämmen nach Ohio ging, mit ihnen Verträge schloss, sodass sich die Provinz Pennsylvania den Pelzhandel sicherte.

Dafür hält ihn der Staat Pennsylvania bis heute in Ehren.

Zum Verhandlungsgeschick von Weiser gibt es eine schöne Geschichte – wenn sie nicht stimmt, ist sie zumindest gut erfunden:

Eines Morgens traf Weiser Shikellimy, den Häuptling der Mohawk. Der sprach ihn an: „Mir hat heute Nacht geträumt, Du hättest mir Dein Gewehr versprochen!“ Indianer hatten damals noch keine Gewehre. Weiser verstand und schenkte ihm sein Gewehr. Als er ihn wieder traf, sagte Weiser zum Häuptling: „Mir hat heute Nacht geträumt, du hättest mir die schöne Insel im Susquehanna River zum Geschenk gemacht.“ Der Häuptling nahm ihn mit in sein Zelt, ließ den Schenkungsbrief schreiben und übergab ihn Weiser mit den Worten: „Lass uns nie wieder träumen.“

Die Überfahrt zur Freiheit

# Emanuel Leutze

Es war die Wende im Unabhängigkeitskrieg der amerikanischen Rebellen gegen die Engländer: Alle bisherigen Schlachten waren verloren gegangen und auch jetzt waren General George Washington und seine Rebellenarmee auf dem Rückzug von New York nach Philadelphia. Die Rebellenarmee sammelte sich am Ufer des Delaware River. Am anderen Ufer, in Trenton, machten es sich die Briten (genauer: die nach England verkauften hessischen Soldaten) gemütlich. Es war der 25. Dezember 1776 – also Weihnachtsfest für die Engländer. Doch nun sammelte George Washington seine Armee, setzte in Booten über den Fluss, überraschte die Engländer in ihren Quartieren und jagte sie fünf Jahre lang vor sich her bis zum letzten Sieg über Englands Truppen in Yorktown.

1816 wurde in Schwäbisch Gmünd Emanuel Leutze geboren. Sein Vater Gottlieb Leutze litt unter den Bedingungen der Reaktion nach dem Wiener Kongress 1815 und wurde schon früh ein glühender Verfechter demokratischer Ideen. Da wurde es eng. 1825 wanderte die Familie nach den USA aus und wohnte in Philadelphia, der Stadt der Unabhängigkeitserklärung der USA. Hier sog Emanuel demokratische Ideen ein wie die tägliche Luft zum Atmen.

Das Talent von Emanuel, malen zu können, musste sich sehr schnell entfalten und bewähren, denn der Vater starb früh und Emanuel Leutze musste nun die Familie ernähren. Ein kleines Wunder geschah: Aus Kunden wurden Gönner, die sein Talent förderten und ihn an die fortschrittlichste Kunstakademie Europas schickten, nämlich nach Düsseldorf.

1841 schrieb er sich dort ein, malte und lernte und wurde wie sein Vater ein glühender Demokrat. 1848 begann die Revolution in Paris. Überall in Deutschland kam es zu Aufständen, es wackelten die Throne. Leutze und die anderen Künstler waren wie aufgeputscht. In ihrem neu gegründeten Künstlerverein „Malkasten" wurde heftig diskutiert und erbittert debattiert – ein freies, demokratisches Deutschland lag in der Luft. 1849 war alles vorbei. Die Revolutionen wurden niedergeschlagen. Doch Leutze hörte nicht auf zu träumen.

Er kannte die Geschichte von Washington. So einen bräuchte Deutschland, dachte er. Und so malte er auf dreieinhalb mal sechseinhalb Metern das Gemälde, das jedes amerikanische Schulkind kennt: Washington überquert den Delaware. In jener eisigen Weihnachtsnacht. Ach, hätte Deutschland doch so einen Washington! Der steht auf dem Gemälde im Boot und blickt übers Wasser, in die Zukunft. Die Gefolgsleute sind mutig, auch wenn das Schicksal ungewiss ist. Und sie packen es an – und werden schließlich gewinnen.

Leutze malte die amerikanische Urlegende als eine Botschaft an seine verzweifelten demokratischen Freunde in Deutschland. Das war seine Botschaft – die Realität übersah er großzügig. So überquert Washington auf dem Bild nicht den Delaware, sondern den Rhein. Der Hintergrund zeigt es, und noch heute behaupten die Kaiserswerther, genau so hätte der Rhein bei ihnen ausgesehen. Ein farbiger Mann sitzt im Boot, sogar ein Indianer, also alle vereint durch ein gemeinsames Ziel. Historiker sehen das allerdings völlig anders.

George Washington überquert den Delaware

Um dieses amerikanische Bild in Düsseldorf malen zu können, schnappte er sich jeden amerikanischen Besucher, den er finden konnte. Sie alle mussten ihm Modell stehen. Der Amerikaner Eastman Johnson hat das beschrieben: „Ich selber musste den Steuermann geben – und Washington. Ich wurde in Washingtons volle Uniform gekleidet, mit dem schweren Hut und allem, hielt das Fernrohr in der einen Hand und die andere auf dem Knie. Ich war fast tot, als das Werk getan war. Sie gossen mir Champagner in die Kehle, nur so überlebte ich."

Als das Kolossalgemälde fast fertig war, brannte es in der Nachbarwohnung. Freunde retteten das angesengte Bild, Leutze restaurierte es. Es landete schließlich in der Kunsthalle in Bremen – und verbrannte bei einem alliierten Bombenangriff 1943.

Dennoch war der erste Brand ein Glücksfall. Denn Leutze malte das Bild noch einmal. 1851 wurde es fertig und Maler und Bild fuhren nach Amerika.

Dort erlebte das Gemälde einen Triumph. Leutze hatte damit eine Ikone des Selbstverständnisses der USA geschaffen. In wenigen Wochen sahen 50 000 Besucher in New York das Bild – und waren begeistert.

Das Bild hängt heute in New York im Metropolitan Museum of Art, eine Kopie davon in den Amtsräumen des Präsidenten im Weißen Haus. Und es ist in jedem amerikanischen Schulbuch abgedruckt.

Der rote Architekt

# Adolf Cluss

Porträt Adolf Cluss

Roter Backstein war sein Markenzeichen. Die roten Backsteinbauten des Architekten Adolf Cluss prägen heute noch das architektonische Bild von Washington, D. C., der Hauptstadt der Vereinigten Staaten. Egal, ob Eastern Market auf dem Capitol oder die beiden Schulen Franklin School und Summer School in der Innenstadt, das Arts and Industries Building der Smithsonian Institution, die Calvary Baptist Church – sie alle sind grundsolide aus rotem Backstein gebaut, und zwar vom „roten Architekten" Adolf Cluss, geboren 1825 in Heilbronn.

Nicht nur der Backstein war rot. Adolf Cluss war es auch – gehörte er doch zum innersten Zirkel der Kommunisten um Karl Marx und Friedrich Engels. In den USA galt er sogar als der Anführer der Kommunisten dort. 1905 starb er jedoch als Republikaner.

Cluss entstammte einer Heilbronner Baumeister- und Industriellenfamilie, die später vor allem durch eine Brauerei bekannt wurde. Er lernte Zimmermann und verließ Heilbronn 1844. Vermutlich ging er auf die Walz. Ab 1846 arbeitete er als Architekt in Mainz. Dort gehörte er im Revolutionsjahr 1848 zu den Gründern des Arbeiterbildungsvereins. Er lernte Karl Marx und Friedrich Engels kennen und schloss sich dem „Bund der Gerechten" an, der sich seit 1847 „Bund der Kommunisten" nannte. Er und seine Freunde nahmen aktiven Anteil an der Revolution. Als sie merkten, dass die Revolution scheiterte, wussten sie, was es für sie persönlich bedeuten würde.

Schon im Revolutionsjahr 1848 verließ Adolf Cluss Deutschland und erreichte im September mit dem Auswandererschiff „Zürich" New York. Dort gehörte er zu den „Forty-Eighters", den 48ern. So nannten die Amerikaner die aus politischen Gründen Geflohenen; in San Francisco wurde der Footballclub nach ihnen benannt. Zunächst arbeitete Cluss in Washington bei der Marine, ab den 60er-Jahren als Architekt. In der ersten Zeit blieb er in umfangreichem Briefkontakt mit Marx und Engels. Gleichzeitig nahm er Anteil an den Diskussionen in den intellektuellen Kreisen Washingtons. Deren Ansichten schienen ihm auf Dauer doch realitätsnaher zu sein als die Ideen seiner einstigen kommunistischen Weggefährten. 1858 schließlich brach er alle seine Verbindungen zur kommunistischen Bewegung ab.

Das Arts and Industries Building, ein Museum, wurde 1881 eröffnet.

Roter Backstein war das Markenzeichen von Adolf Cluss.

Diese Entwicklung machte sich bezahlt. Ab 1860 machte er eine steile Karriere als Architekt in Washington und errichtete unzählige Bauten für die Regierung. Den Mächtigen baute er ihre Villen – mit rotem Backstein. 1880 schuf er mit den Portland Flats das erste Apartmenthaus in Washington mit 39 Wohnungen auf sechs Stockwerken, das 1962 allerdings durch ein Bürogebäude ersetzt wurde.

1872 wurde er zum City Engineer ernannt, heute würde man sagen: Stadtplaner. Nun prägte er, der Württemberger aus Heilbronn, das Aussehen der Hauptstadt der Vereinigten Staaten, wie sie sich bis heute präsentiert: mit gepflasterten Straßen, breiten Boulevards (National Mall) und Tausenden von Bäumen entlang öffentlicher Wege und Straßen.

# Karl Lämmle

Carl Laemmle 1915

1906 schlenderte Karl Lämmle aus Laupheim, oder wie er sich jetzt nannte: Carl Laemmle, durch die Straßen von Chicago, als er eine Menschenschlange vor einem schäbigen Haus anstehen sah. Neugierig ging er darauf zu, stellte sich ebenfalls an und fragte, was es denn da so Tolles gäbe. Er war vor einem Nickelodeon gelandet, der neuesten Erfindung von Thomas Alva Edison – einem Kino. Für fünf Cent, also einen Nickel, konnte man dort einen Film ansehen. Carl Laemmle sah sich die Menschen an, dann den Film und dann wieder die Menschen. Er beschloss, alles auf eine Karte zu setzen, und baute sein erstes eigenes Nickelodeon.

1867 war er in Laupheim geboren worden, als zehntes Kind eines jüdischen Landviehhändlers. Das waren kleine Kaufleute, die entweder als Hausierer oder als Viehhändler arbeiteten – immer arm und ohne Chancen, den Teufelskreis der Armut verlassen zu können. Carl hatte zwölf Geschwister, acht starben im Kindesalter. Das Geld des Vaters reichte nicht einmal für eine gute Schulausbildung. So wurde Karl nach der Volksschule Kaufmannslehrling. Clever war er, schnell, pfiffig und mutig. Was ihm an Körpergröße fehlte – er wurde nur 1,52 Meter groß –, machte er durch Handlungsfähigkeit wett. Als aber seine Mutter früh starb, warf ihn das aus der Bahn. Er schmiss alles hin und ging mit 50 Dollar in der Tasche in die USA. 1884, mit nicht ganz 18 Jahren, kam er in Chicago an. Er machte alles: Zeitungsausträger, Tauschhändler, Farmarbeiter. Nach zehn Jahren war er endlich Buchhalter in einem Textilunternehmen und überraschte nicht nur seinen Chef mit ständig neuen Marketingeinfällen. Er kam zu Geld, heiratete und wurde Geschäftsführer einer Zweigstelle – er hatte es geschafft.

Dann sah er das Nickelodeon und warf erneut alles hin, nahm sein ganzes Geld und kaufte sich ein Nickelodeon. Den Filmprojektor und die Filme musste er von Edison beziehen, denn der hatte das Monopol und wachte mit seiner Firma, genannt „The Trust", eifersüchtig darüber. Wer nicht mitzog, bekam auch schon mal schnell Besuch von einer Schlägertruppe, die nicht nur den Besitzer, sondern auch gleich die Zuschauer zur Brust nahm – keine gute Werbung, nicht gut für das Image. Auch wenn Nickelodeons in der Regel schäbige Schuppen mit schäbigen, wackeligen Stühlen in schäbigen Gegenden waren.

Laemmle setzte auf Sauberkeit und Eleganz. Sein Kino war innen und außen strahlend weiß gestrichen, das Publikum saß auf weißen Stühlen und er nannte das Kino „Theatre". In Anzeigen und auf Plakaten warb er sogleich mit „The Coolest Five Cent Theatre in Chicago". Die Mittelschicht rannte ihm die Bude ein. Sein zweites Theater baute er nur für Frauen, die nun allein oder mit Freundinnen zusammen „schicklich" ins Kino gehen konnten. Nach kurzer Zeit gehörten ihm bereits 50 Kinos.

Logischerweise gründete er seinen eigenen Filmverleih. Und logischerweise wollte er auch seine eigenen Filme drehen, denn seine Kinos brauchten ständig Futter. Weil aber die damaligen

Carl Laemmle im Kreis der Mitarbeiter seiner Universal Motion Picture Manufacturing Company 1915

Filmkameras und Filmentwicklungen alle auf Patenten von Edison aufbauten, hatte er es mit einem mächtigen Gegner zu tun: Edison. Laemmle hatte aber keine Lust, ständig Lizenzgebühren an Edison zu bezahlen, auch nicht für den Nachbau von Filmkameras.

Also suchte er Verbündete. Natürlich gab es jede Menge Verleiher, Filmproduzenten und Theaterbesitzer, die unter der Knechtschaft Edisons litten. Laemmle gelang es durch geschickte Medienkampagnen, sie alle zu Freiheitskämpfern zu stilisieren und sich selbst zum Anführer der Freiheitskämpfer. Das kam und kommt immer gut an in den USA.

Obwohl seine Filmteams durch Edisons Schlägertrupps verfolgt wurden, gelang es ihm, drei Filme pro Woche fertigzustellen. Und er setzte noch einen drauf: Er schuf das „Starsystem". Das heißt, er machte Schauspieler zu Stars, indem er sie parallel zum

Carl Laemmle – „der Mann der bewegten Bilder“ – an der Kamera

Film in den Zeitungen und Zeitschriften vermarktete und jedem Film einen Abspann mit ihren Namen anhängte. Im Vorspann erschien nur er selbst: „Carl Laemmle presents:“. Auch in Anzeigen warb er für sich: „I Am The Moving Picture Man.“ Jedermann kannte bald Carl Laemmle. Auf diese Ideen war Edison nicht gekommen. Andere Filmschaffende lud Laemmle ein, bei ihm zu produzieren, und nannte seine Firma Universal Motion Picture Manufacturing Company (heute Universal Studios).

Das gesamte Filmgeschäft spielte sich im Osten der USA ab. Laemmle dachte schon wieder weiter. In einer ausgestorbenen Gegend bei Los Angeles erwarb er eine 170 Hektar große, heruntergekommene Hühnerfarm. In Kalifornien waren die Löhne niedrig und es gab mehr Sonnentage – also konnte man Filme mit gleichem Budget in kürzerer Zeit, sprich: mehr Filme, drehen. Das Tal hieß Hollywood. Dort baute er die Universal City Studios.

Aber auch für Filmstoffe hatte er einen Riecher. Manche von seinen Filmen sind bis heute Klassiker der Filmgeschichte: „Der Glöckner von Notre Dame“ (1923), „Das Phantom der Oper“ (1925), „Dracula“, „Frankenstein“, „Die Mumie“, „Waterloo Bridge“, und 1930 „Im Westen nichts Neues“, bei dem zum ersten Mal ein Kamerakran eingesetzt wurde. Was die Leute aus den Kinositzen riss, so authentisch erlebten sie die Sturmangriffe aus den Schützengräben. Der Film bekam einen Oscar als „Bester Film“.

Carl Laemmle wurde für seine Filme vielfach ausgezeichnet. 1930 erhielt er einen Oscar für seinen Film „Im Westen nichts Neues“.

Laemmle hat seine arme Kindheit in Laupheim nie vergessen. Fast jedes Jahr besuchte er seine alte Heimat und unterstützte als Mäzen seine Heimatstadt Laupheim. Eine neue Schule wurde mit seinem Geld gebaut, ein Schwimmbad und das Waisenhaus. Neben der jüdischen Gemeinde unterstützte er individuell notleidende Laupheimer. Geld hatte er genug und er gab es freimütig.

Die Nationalsozialisten hassten ihn. Schon 1930 grölten sie in den deutschen Kinos, als „Im Westen nichts Neues“ gezeigt wurde, warfen Stinkbomben und hetzten gegen den „Filmjuden“. Nach 36 Tagen wurde der Film in Deutschland verboten. Die staatlichen Stellen waren vor dem braunen Mob der Straße eingeknickt. Und das bereits 1930.

Die Hetze ging während des gesamten Dritten Reiches weiter. 1933 bekam er Einreiseverbot, die Straße mit seinem Namen in Laupheim wurde nach einem SA-Mann in Schlageterstraße umbenannt.

Carl Laemmle mit seiner Tochter Rosabelle und seinem Sohn Carl

Laemmle setzte sich für entrechtete Juden in Deutschland ein. Zwischen 1936 und 1939 übernahm er persönlich über 300 Bürgschaften für Menschen aus Laupheim und anderen Städten in Süddeutschland, sodass sie in die USA einreisen konnten. Mit persönlichen Bittbriefen warb er bei anderen jüdischen Prominenten, selbst solche Bürgschaften zu übernehmen.

1939 ist Carl Laemmle in Beverly Hills gestorben.

# Theodor Bilharz

Theodor Bilharz im Alter von 25 Jahren

Die Biedermeierzeit war auf ihrem Höhepunkt, als Theodor Bilharz 1825 in Sigmaringen geboren wurde. Sein Vater war Kameralrat in der schwäbisch-preußischen Residenzstadt. Seine Mutter war Schweizerin und überzeugte Zwinglianerin. Er ging den geraden Weg, wie ein Musterschüler: Der sprachbegabte Junge verfasste Gedichte und ging aufs Gymnasium, die Familie war im schwäbisch-preußischen Untertanenstaat bestens integriert und gut situiert. Also alles bestens – und alles langweilig. Nicht, dass der Sohn ein Revolutionär geworden wäre, mitnichten. Er sammelte Käfer und Steine und katalogisierte sie, das Abitur machte er mit „sehr gut". Aber Bilharz spürte die Enge im 1200-Einwohner-Beamtenstädtchen, floh, so schnell er konnte, an die Universitäten Freiburg und Tübingen und gehörte zu den Jüngern des liberalen Freiburger Professors Johann Heinrich Schreiber, der wegen seiner demokratischen Ansichten 1846 zum Rücktritt gezwungen wurde. Bilharz absolvierte erst das philosophisch-naturwissenschaftliche Grundstudium in Freiburg und studierte dann Medizin in Tübingen. Er mied jedoch das Studentenleben und wurde zum Inbegriff des reinen Naturforschers, der sich nur seinen Forschungen hingab. Insbesondere widmete er sich der Anatomie und gewann mit einer Arbeit mit dem Titel „Blut ist ein ganz besonderer Saft" 1846 den Preis der medizinischen Fakultät.

Er wollte in der Forschung bleiben. Seinen Vater, der ihn zur Übernahme einer Landarztpraxis drängte, ließ er abblitzen.

Doch schon bald musste er einsehen, dass in Deutschland die Strukturen so verkrustet waren, dass er es hier nie zum Professor bringen würde. Als er sich überlegte, nach Amerika auszuwandern, sprach ihn sein alter Lehrer Wilhelm Griesinger an. Der suchte 1850 – Bilharz machte gerade seinen Doktor – einen Assistenten, denn er war zum Direktor des ägyptischen Medizinsystems ernannt worden. Bilharz sagte sofort zu. Später wurde er Professor an der Medizinischen Hochschule in Kairo.

Bilharz war von Ägypten fasziniert. Er bezog ein kleines Haus mitten in der Altstadt in Kairo, lernte Arabisch und war buchstäblich dem Zauber des Orients verfallen. Dabei blieb er schwäbisch handfest. „Ich schwälge in Menschendärmen", schrieb er einem Freund und berichtete von seinen Entdeckungen. In einer Leiche fand er Hunderte von besonderen Eingeweidewürmern, den Pärchenegeln. Damit entdeckte er 1851 den Erreger der ägyptischen Blasenkrankheit, die „Blutharn-Ruhr" genannt wurde. Die Eier des Erregers fand er im Urin seiner Patienten, dessen Larven im Nilwasser.

Ab 1856 wurde die Wurmkrankheit Bilharzia genannt. Nach dem Ersten Weltkrieg setzte sich jedoch im Zuge der Internationalisierung der Medizin der auf dem Griechischen beruhende Begriff Schistosomiasis (von schistos, gespalten, und soma, Körper = Pärchenegel) durch. Diesen Namen hatte ausgerechnet der schwäbische Zoologe David Friedrich Weinland 1858 eingeführt. Weinland, ehemaliger Stiftler aus Tübingen, wurde an der Harvard University zu einem der führenden Zoologen, zog sich jedoch mit einem unheilbaren Halsleiden auf das Hofgut Hohen-Wittlingen bei Urach zurück, erkundete Höhlen, Tiere und Pflanzen der Heimat und schrieb für seine Söhne einen Roman: Rulaman. Der wird heute noch verlegt und gelesen.

Bis heute ist die Bilharziose bzw. Schistosomiasis nach der Malaria die zweitgrößte Krankheitsgeißel der Menschheit.

1862 wollte Herzog Ernst II. von Coburg-Gotha in der Nähe des Roten Meers auf Jagd gehen. Bilharz riet dringend davon ab, weil in der Gegend immer wieder Seuchen auftraten. Der Herzog ließ nicht locker und Bilharz begleitete die Jagdgruppe als Arzt. Prompt erkrankte die Frau des Herzogs, Alexandrine von Baden, an Typhus. Bilharz versorgte die Erkrankte. Dabei steckte er sich selber an. Frau von Baden wurde gesund, Bilharz starb an Typhus. Auf dem deutschen Friedhof in Alt-Kairo ist er beerdigt.

Seine Klaviere gingen um die Welt

# Albert Schoenhut

Albert Schoenhut 1881

Schroeder liebt Beethoven. Schroeder, ein guter Freund von Charly Brown und dessen Hund Snoopy, sitzt auf dem Boden und spielt Beethoven auf einem Kinderklavier – einem Toy Piano. Vermutlich ist es ein Schoenhut.

Albert Schoenhuts Firma gibt es noch heute. Auch wenn seine Familienmitglieder nicht mehr daran beteiligt sind. Und noch immer stellt sie Spielzeug und Kinderklaviere her.

Albert Schoenhut fiel 1866 einem Amerikaner auf, der sich in Göppingen umtat. Er war in Württemberg unterwegs, um nach Talenten zu suchen. Ihm fiel der 17-jährige Albert auf, der wie sein Vater und Großvater Holzspielzeug herstellte – Schaukelpferde etwa, Puppen und kleine Wägelchen. 1866 war nicht das Jahr, in dem man damit sehr viel Geld verdienen konnte. Württemberg hatte in der Schlacht von Tauberbischofsheim gegen Preußen verloren, die politische Zukunft des Landes war ungewiss, überall herrschte Not. Das war keine Zeit für Spielzeug für Kinder.

Der Amerikaner hatte einen Auftrag. In Philadelphia gab es Wanamaker's Department Store, das größte Kaufhaus im Staate Pennsylvania. Wanamaker führte in großem Stil Kinderklaviere in die USA ein und verkaufte sie überall. Nur gingen viele bei der Schiffsreise von Deutschland in die USA zu Bruch. Denn die kleinen Kinderklaviere hatten keine Saiten. In ihnen schlugen die Hämmerchen auf Glas. Das erzeugte den schönen Ton der Kinderklaviere. Wenn man die Ware in den USA auspackte, waren die meisten kleinen Klaviere tonlos – die Gläser waren zerbrochen. Der Amerikaner John Dahl suchte nach einem geschickten Handwerker, der das wieder reparieren konnte.

Das war die Chance für Albert Schoenhut, geboren 1849 in Göppingen. Hier sah er keine Zukunft mehr. Er ging noch im selben Jahr in die USA und reparierte in Philadelphia all die kaputten Kinderklaviere.

Er war aufgeweckt, experimentierfreudig und wagte etwas. Schon bald ersetzte er die Gläser im Klavier durch Stahl. Da ging nichts mehr kaputt. 1872, also schon nach sechs Jahren, machte er

Mit seinen Kinderklavieren wurde Albert Schoenhut zum erfolgreichen US-amerikanischen Spielzeugunternehmer.

sich selbstständig und gründete seine eigene Firma – die Schoenhut Piano Compagny. Seine kleinen Klaviere wurden immer besser, mit seinen Entwicklungen konnte er einige Patente erringen. Die Konkurrenz kam nicht mehr hinterher – Schoenhut wurde zum ersten US-amerikanischen Spielzeughersteller, der sogar nach Deutschland exportierte.

Um die Jahrhundertwende war Amerika im Zirkusfieber. Großzirkusse wie Barnum und Ringling Brothers waren Tagesgespräch und rissen die Menschen zu Begeisterungsstürmen hin. In den Zirkus gehen war das gesellschaftliche Ereignis.

Das ließ auch Schoenhut nicht los. Fritz Meinecke, ein deutscher Einwanderer, hatte ihm für 100 Dollar einen beweglichen Zirkusclown als neues Spielzeug mit allen Rechten verkauft. Den entwickelte Schoenhut weiter und baute nach und nach eine komplette Zirkuswelt darum herum auf – mitsamt bespielbarem Zirkuszelt. Der Clou: Alle Gliedmaßen der Figuren waren beweglich, somit konnten diese Figuren zu immer neuen Spielsituationen zusammengestellt werden. Durch ausbalancierte Gegengewichte konnten sogar Seiltänzer auf dem Seil bleiben. Das erste Action-Spielzeug war erfunden – sozusagen der Ahne von Legofiguren und Playmobil. Schoenhut verkaufte die Idee als Humpty Dumpty Circus Toys und schuf ganze Themenkästen. Man konnte die Figuren einzeln kaufen oder in Themensets: eine Tigerdressur, Elefanten in der Manege, Seiltänzer und Trapezkünstler. Die Kinder waren wild nach Humpty Dumpty und Schoenhut wurde ein gemachter Mann. Auch weil er von individueller Arbeit schon früh auf Serienfertigung am Band umgestiegen war.

Kurz vor seinem Tod 1912 hatte er noch eine revolutionäre Idee: eine voll bewegliche Puppe, die wie ein Model aussah – die „All Wood Perfection Art Doll". Sie wurde sozusagen die Oma von „Barbie". Die Mädchen fuhren auf die Puppe ab, sie wurde ein Verkaufsschlager. Schoenhuts Söhne, die den Betrieb des Vaters weiterführten, stellten 1917 eine eigene Modedesignerin für Puppen-

Eine Illustration zum Zirkusspielzeug aus Schoenhuts Katalog von 1928

kleider ein, die jedes Jahr eine Frühjahrs- und eine Winterkollektion für die Puppe herausbrachte.

Als Schoenhut 1866 in Philadelphia ankam, waren schon jede Menge Schwaben in der Stadt. Kein Wunder, galt Pennsylvania doch als schwäbische Kolonie, wie schon im Beitrag über Conrad Weiser, den ersten Schwaben in den USA, erwähnt. Das schwäbische Königreich unterhielt bis in die 80er-Jahre des 19. Jahrhunderts in Philadelphia – das, nebenbei bemerkt, eine Gründung von Leonberger Auswanderer ist – ein eigenes Königlich-Württembergisches Konsulat. In den 90er-Jahren lebten 160 000 deutsche Einwanderer in der Stadt, das waren 15 Prozent der Bewohner.

1870 heiratete Albert Schoenhut Emilie Elizabeth Langbein, die Tochter von deutschen Einwanderern. Die beiden bekamen acht Kinder – sechs Söhne und zwei Töchter.

1873 wurde in Philadelphia der „Cannstatter Volksfest Verein“ gegründet. Die Familie Schoenhut war dabei, Albert Schoenhut wurde später sogar Präsident. Der Cannstatter Volksfest Verein feierte natürlich jedes Jahr das Volksfest und war auch sonst kulturell sehr aktiv. Er richtete beispielsweise Wohltätigkeitsveranstaltungen aus, um mit dem erwirtschafteten Geld notleidende Menschen zu unterstützen. Das tat der Verein mit seinem Präsidenten Schoenhut übrigens sehr erfolgreich: 1898 erwirtschaftete der Verein die stolze Summe von 66 802 Dollar – nach heutigem Wert und Kaufkraft entspricht das 1,8 Millionen Dollar.

Schoenhut gehörte den Freimaurern an – er war Mitglied der Humboldt-Loge Nr. 359, der zweitältesten deutschen Loge in Philadelphia. Auch beim Bau und Betrieb des Deutschen Theaters in Philadelphia war er an vorderster Front dabei, immerhin kostete der Bau 5,8 Millionen Dollar nach heutigem Wert. Und selbstverständlich sorgte er dafür, dass in der Stadt Philadelphia 1897 eine Statue von Friedrich Schiller aufgestellt wurde – auch hier beteiligte er sich an den Kosten. Als schwäbischer Amerikaner weiß man schließlich, was sich gehört.

Die Piano Toys von Schoenhut gibt es immer noch. In den letzten Jahren wurden sie sogar von jungen Komponisten der Avantgarde entdeckt. Selbst eigene Konzerte für Kinderklaviere haben die neuen Helden der Musik dafür geschrieben und aufgeführt.

So liegt Schroeder mit seinem Kinderklavier voll im Trend, mag es auch Lucie, die heimlich in ihn verliebt ist, nicht begreifen. Trotzdem bleibt eine Frage bis heute unbeantwortet: Charly Brown fragte Schroeder einmal, wie er denn Beethoven vollendet spielen könne, wo die schwarzen Tasten auf seinem Klavier doch nur aufgemalt seien ...

# Ernst Elsenhans

Gedenkstein für die Hingerichteten in Rastatt. Ernst Elsenhans steht an erster Stelle.

„Es ist doch recht schlimm, so früh schon für seine Überzeugungen sterben zu müssen", sagte Ernst Elsenhans am 7. August 1849 auf den Wällen der Bundesfestung Rastatt, als der preußische Befehl erscholl: „Anlegen! – Feuer!" Dann war der von den Preußen meistgesuchte und auch meistgehasste badische Revolutionär der deutschen Revolution 1848 tot – gerade 34 Jahre alt. Es war Ernst Elsenhans, ein Schwabe aus Feuerbach.

Und was für einer. Sein Vater, Johannes Elsenhans, hatte es vom Schuhmacher zum Schultheiß (Bürgermeister) gebracht und wirkte wirklich zum Wohl der Gemeinde: Straßenbau, Einführung einer „Schulspeisung" für hungernde Kinder, Bau eines Schulhauses, Kauf der Kelter aus dem Besitz der Universität Tübingen und Verbesserung der Landwirtschaft. Johannes Elsenhans' Stolz waren seine Söhne. Drei davon studierten Theologie, alles Stiftler im Evangelischen Stift Tübingen.

Sohn Ernst, geboren 1815, war ein Heißsporn. In Feuerbach verkehrte oft Ludwig Uhland im Pfarrhaus. Die Söhne des Schultheißen verkehrten dort ebenfalls. Während ihres Theologiestudiums traten sie in die Studentenverbindung Germania ein – die Verbindung Ludwig Uhlands.

Die Studentenverbindung Germania war die Keimzelle demokratischer Gedanken der damaligen Zeit und wurde von der Obrigkeit misstrauisch überwacht. Studentenverbindungen waren damals nicht reaktionär, sondern die Speerspitzen revolutionärer Gedanken. Ganz im Gegensatz zu heute.

Der Hitzkopf Ernst Elsenhans war dort genau am richtigen Platz. Doch damit eckte er in der theologischen Fakultät und im Stift überall an. Er verließ Theologie und Stift, wandte sich kurz der Medizin zu, fiel der Obrigkeit in Tübingen wieder auf und musste in der Schweiz untertauchen. Nach dem Tod des Vaters 1841 gab es auch kein Geld mehr, er schlug sich als Hauslehrer durch, schrieb für Zeitungen und nannte sich „Literat".

Schließlich ging er nach Baden, wo es mehr gärte als in Württemberg. In Mannheim schrieb er für die „Mannheimer Abendzeitung" – ein sehr demokratisches Blatt. Er wurde in seinen Artikeln und Kolumnen immer heftiger, was ihm den Spitznamen „schwäbischer Feuerkopf" einbrachte.

1847 wurde er Redaktionsleiter der Heidelberger Zeitung „Die rote Republik". Er war fällig, als er in seiner Zeitung Soldaten dazu aufrief, den Befehl zu verweigern, auf Bürger zu schießen. Das brachte ihm acht Monate Gefängnis ein. Politische Gefangene mussten ihr Essen selber bezahlen – da er kein Geld hatte, hungerte er und machte Schulden. Verhungern ließen sie ihn nicht im Gefängnis, aber er litt entsetzlich.

Inzwischen war die Badische Revolution ausgebrochen und er kam vorzeitig frei. Sofort schloss er sich den Revolutionären an und suchte deren Anführer Gustav Struve auf. Struve floh später rechtzeitig in die USA und nahm als Oberst der Unionstruppen am amerikanischen Bürgerkrieg teil – bis heute ist sein Name Teil der amerikanischen Erinnerungsgeschichte. Doch noch war er hier und durch ihn wurde Elsenhans zweiter Sekretär im Kriegsministerium der Revolutionstruppen. Die Revolution war allerdings bereits gescheitert, sodass man sich das Kriegsministerium als fliehenden Haufen im Rheintal vorstellen muss, bis es schließlich in Rastatt endete. Dort wurde die Revolutionsarmee in der Festung von preußischen Truppen unter Führung des preußischen Kronprinzen eingekesselt.

Der preußische Kronprinz hatte kurz zuvor in Berlin die dortigen Aufständischen mit Kanonen niederschießen lassen. Nun wurde die Feder von Elsenhans erst recht giftig.

In der eingeschlossenen Festung Rastatt gründete er den „Club für den entschiedenen Fortschritt“, der kompromisslos jeden Gedanken an Verhandlungen und Kapitulation von sich wies. Und er gründete eine Zeitung, die ihn in der deutschen Geschichte berühmt machte: den „Festungsboten“. Bis zum Tag vor der Kapitulation erschien der Festungsbote in 14 Ausgaben – immer geprägt von festem Durchhaltewillen und gespickt mit Durchhalteparolen. Aber auch mit hochgeistigen Artikeln zu Fragen der Gerechtigkeit, der Gesellschaft und zu Arm und Reich. Damit erwies er sich als begabter Theoretiker des Frühsozialismus – ja, eigentlich sogar als Philosoph der Deutschen Revolution.

Er schrieb mit sehr, sehr spitzer Feder. Und traf genau dort, wo es weh tut. Er war es, der dem preußischen Oberbefehlshaber, dem Kronprinzen Wilhelm und späteren Kaiser Wilhelm I., einen Spitznamen gab, der Einzug in die deutsche Geschichte hielt: „Kartätschenprinz“. Denn die Kanonen, mit denen der Kronprinz in Berlin auf die Aufständischen hatte schießen lassen, waren nicht mit Kugeln, sondern mit Kartätschen geladen – also einer Art großer Schrotmunition: in jeder „Granate" Hunderte von kleinen Kugeln. Die Wirkung auf Menschenansammlungen war verheerend.

„Kartätschenprinz" – das hat ihm der Kronprinz nie verziehen. Damit war er Preußens Staatsfeind Nummer eins und stand ganz oben auf der Liste der gesuchten Terroristen.

Rastatt kapitulierte am 23. Juni 1849. Am Tag vorher war die letzte Ausgabe von Elsenhans' Festungsboten erschienen. Rastatt kapitulierte „auf Gnad oder Ungnade". Alles lag in der Hand der Preußen. Sie warteten bereits auf Elsenhans.

Er wird dem Standgericht vorgeführt. Ein Verteidiger steht ihm nicht zu. Die Anklage wirft ihm Hochverrat vor, er nimmt die Pressefreiheit für sich in Anspruch. Das Urteil lautet „Tod durch Erschießen" – selbst nach damaligen Grundsätzen ist der Prozess ein Schauprozess, in dem das Urteil schon vorher feststeht. Am nächsten Morgen wird er auf den Wall der Festung geführt. Acht Kugeln treffen ihn, sie töten ihn nicht. Ein Bajonettstoß eines preußischen Soldaten erst bringt den Tod.

In den 1990er-Jahren wollte eine Gruppe von Rastättern eine Schule nach Ernst Elsenhans benennen. Der Antrag wurde vom Gemeinderat abgelehnt.

# *Warum es mit den Frauen so schwer ist –*

ein Nachtrag

Seitdem ich auf der Suche nach Schwaben bin, die nur im Ausland etwas wurden, bin ich auch auf der Suche nach Schwäbinnen, von denen das Gleiche gilt. Es gibt sie – da bin ich mir sicher. Aber wenn man im 17., 18. und 19. Jahrhundert sucht, findet man sie nicht. Zum einen aus den Gründen, die ich schon in der Einleitung genannt habe. Zum anderen, weil sie literarisch nicht vorkommen. Die Briefe der Ausgewanderten, die erhalten geblieben sind, wurden von Männern geschrieben. Die Frauen saßen beim Briefeschreiben oft daneben und erledigten Hausarbeiten. Sie waren ja auch weniger des Schreibens mächtig als die Männer. Nur Frauen von Stand schrieben Briefe – an ihresgleichen. Aber diese Frauen wanderten nicht aus. Sie wurden alle in Deutschland verheiratet.

Im 20. Jahrhundert kann man dann ausgewanderte Schwäbinnen finden, die sich selbst durchschlagen mussten, es schafften und so Spuren hinterließen. Daraus lässt sich dann auch wieder ein Buch machen.

Eine Frau möchte ich beispielhaft aus dem 20. Jahrhundert vorstellen: Jella Lepman.

Gebt den Kindern Bücher und lasst sie träumen

# Jella Lepman

Es gibt sie noch: Leihbibliotheken. Auch wenn ihre Zahl zu Beginn der digitalen Zeiten zurückgeht und weil Büchereien, um zu überleben, immer mehr zu Mediatheken werden müssen. Man geht hinein, lässt sich registrieren, sucht sich seine Bücher im Regal selber aus, bekommt eine Quittung und geht wieder.

In Deutschland war es bis zum Ende des Krieges üblich, dass man in Leihbibliotheken keinen direkten Zugang zum Lesestoff hatte. Über die kostbaren Bücher wachten Bibliothekare und gaben sie gegen Bestellzettel heraus. Ein amerikanischer Major hat das grundlegend geändert – genauer: eine Majorin: Jella Lepman.

1891 in Stuttgart geboren, war sie eine Tochter des jüdischen Textilfabrikanten Joseph Lehmann. Er war Unternehmer und besaß eine Bettfedernfabrik in Feuerbach. Jella entstammte einem wohlhabenden großbürgerlichen Haus, die Eltern gehörten zu den Stuttgarter Bildungsbürgern und so war auch ihr Lebensstil. Ihr Vater war bekennender Anhänger von Ludwig Uhlands liberalen Ideen. Ihr Cousin war der spätere Philosoph Max Horkheimer, einer der Mitbegründer der Frankfurter Schule.

Im elterlichen Salon trafen Menschen zusammen, um über die Ideen von Rudolf Steiner zu diskutieren. Mit 17 Jahren gründete Jella eine „Internationale Lesestube“ für die Kinder der ausländischen Mitarbeiter in der Stuttgarter Zigarettenfabrik Waldorf-Astoria im Stuttgarter Osten. Elf Jahre später, 1919, gründete dort Rudolf Steiner die erste Waldorfschule der Welt.

1913 heiratete Jella Gustave Horace Lepman, dem sie zwei Kinder gebar. Er kämpfte im Ersten Weltkrieg, wurde schwer verwundet und starb 1922 an diesen Verwundungen. Nun stand die junge Witwe mit zwei kleinen Kindern da.

Doch sie gab nicht auf, wollte, musste ihr eigenes Geld verdienen. So wurde sie die erste weibliche Redakteurin des „Stuttgarter Neuen Tageblatts“. Das war eine liberale, bürgerliche Tageszeitung, die stolz darauf war, im ersten Stahlbetonhochhaus Deutschlands zu residieren – dem Tagblattturm in Stuttgart. Die heutige Stuttgarter Zeitung sieht sich als Nachfolgerin des Tageblatts.

1929 kandidierte Jella Lepman neben Theodor Heuss für die Liberalen für einen Sitz im Reichstag in Berlin. Heuss wurde gewählt.

Ab 1933 wurde es in Stuttgart eng für die Jüdin Jella Lepman. 1936 wurde ihr gekündigt und sie emigrierte mit ihren Kindern nach London. Schon bald arbeitete sie dort für die BBC und den amerikanischen Sender ABSIE (American Broadcasting Station in Europe). Was hätte aus der ersten weiblichen Redakteurin Stuttgarts hier alles werden können?

Mit der US-Armee kehrte sie 1945 als Beraterin für Frauen- und Jugendfragen nach Deutschland zurück. Man musste sie dazu

Kinder brauchen mehr als Carepakete, sie brauchen auch „Nahrung für den Geist", davon war Jella Lepmann überzeugt.

überreden. Sie wollte nicht nach Deutschland zurückkehren. Zu tief waren die Verletzungen.

Schon bald kümmerte sie sich um Bildungsfragen. Ihre Idee war, den Kindern gute Kinder- und Jugendbücher anzubieten, um den nationalsozialistischen Geist zu verbannen – bei denen, wo es noch möglich war.

Aber in dem Haushalt, der ihr für ihre Aufgaben zur Verfügung stand, gab es für Kinderbücher kein Geld. Aufgeben? Nicht Jella Lepman. Sie schrieb an Vertreter zahlreicher Nationen und bat um Bücherkisten mit Büchern, in denen die Lieblingsbücher der jeweiligen Nation sein sollten. 14 Nationen machten letztlich mit. Belgien hatte sich zunächst geweigert – ein Grund war sicher, dass deutsche Soldaten 1914 die Universitätsbibliothek Leuven in Brand gesetzt hatten, wodurch u. a. viele wertvolle Handschriften und Inkunabeln vernichtet worden waren; und im Zweiten Weltkrieg war die Bibliothek erneut zerstört worden. Ein Grund war aber eben auch: Zweimal war das Land von Deutschland überfallen worden – nun reichte es den Belgiern. Sinngemäß antwortete Lepman ihnen: Schickt Kinderbücher, dann werdet ihr nicht zum dritten Mal überfallen. Daraufhin machte Belgien mit.

Jella Lepman hatte ihr Lebensthema gefunden. Mit guten Büchern für Kinder und Jugendliche zur Völkerverständigung, zur Erziehung zu Toleranz und gegenseitigem Respekt beizutragen. Sie schrieb selbst Kinderbücher. Aus einer Begegnung mit Eleonore Roosevelt, der Witwe des amerikanischen Präsidenten, erwuchs eine Freundschaft. Roosevelt setzte sich dafür ein, dass Lepman für ihre Arbeit in München das von der US-Armee besetzte, einst von den Nationalsozialisten errichtete Gebäude „Haus der Kunst" erhielt. Hier hatten die Nazis ihre Kunstausstellungen, auch die Ausstellung von 1933 über „Entartete Kunst", veranstaltet. In diesem Haus eröffnete Jella Lepman bereits 1946 die erste internationale Ausstellung in Deutschland nach dem Zweiten Weltkrieg, nämlich die „Internationale Jugendbuchausstellung": „Eintritt frei. Ihr könnt lesen, solange ihr wollt. Kleidung beliebig. Erwachsene dürfen mitgebracht werden." So wurde aus dem Haus des Ungeistes ein Haus der Zukunft.

Die Ausstellung wurde ein Riesenerfolg. Sie zog durch alle deutschen Großstädte – war auch in Stuttgart. Die kleinen und großen Stuttgarter kamen in Scharen.

Gemeinsames Lesen fasziniert besonders.

In einer Villa in Münchens Kaulbachstraße eröffnete Jella Lepman am 14. September 1949 mit dem Bestand der Internationalen Jugendbuchausstellung die Internationale Jugendbibliothek. Die besteht bis heute, seit 1983 ist sie auf Schloss Blutenburg bei München untergebracht.

Auf dem ersten Höhepunkt des Kalten Krieges, 1949, ermutigte sie Erich Kästner zu seinem Buch „Die Konferenz der Tiere“ und initiierte 1956 mit anderen zusammen den Hans-Christian-Andersen-Preis – die weltweit wichtigste Auszeichnung für Jugendliteratur. 1970 starb Jella Lepman in Zürich. Was für eine Frau!

Nur weil ein General vorbeiritt

# Molly Pitcher

In diesem Buch kommen viele Schwaben vor, die alle erst in den USA etwas wurden. So bin ich bei meiner Recherche naturgemäß oft in amerikanischen Bibliotheken unterwegs – im Internet. Denn in den USA sind viele Bibliotheksbestände, aber auch Stammbäume von Familien, digitalisiert und damit im Internet zugänglich.

Pennsylvania spielte für die Schwaben eine große Rolle – siehe den Beitrag über Conrad Weiser. Aber auch für andere – wie etwa für Pietisten aus Leonberg. Sie besiedelten in Pennsylvania eine Stadt, in der man nur der neutestamentlichen Bruderliebe verpflichtet sein sollte (von Schwestern, auch solchen im Geiste, sprach man damals noch nicht). Nimmt man dazu das altgriechische Wort für Liebe (im Sinne von Freundesliebe): philia, und das Wort für Bruder: adelphos, zusammen, dann heißt das Experiment einer christlichen Stadt: Philadelphia. Das Experiment ging gründlich schief, der Name blieb erhalten und aus Philadelphia wurde die zweite Hauptstadt der USA nach New York, bis Washington, D. C., gebaut wurde – auch mithilfe unseres Heilbronners Adolf Cluss.

Immer wieder landete ich bei meinen Recherchen in Pennsylvania. Und bei allem Suchen und Recherchieren blieb immer im Hinterkopf die Idee, auch nach dem Schicksal einer Frau zu suchen, aus der erst im Ausland etwas wurde.

Recherchieren in Pennsylvania heißt: Recherchieren über die Mennoniten, die Hutterer, die Frommen im Lande – und über den amerikanischen Unabhängigkeitskrieg. Hier wurden die entscheidenden Schlachten gegen die Engländer geschlagen und gewonnen. Als General George Washington im Dezember 1776 den Rhein, pardon: den Delaware überquerte (siehe den Beitrag zu Emanuel Leutze), schlug er die erste entscheidende Schlacht. In Monmouth 1778 begann seine Siegesserie.

Aus der Schlacht von Monmouth ist eine Geschichte überliefert, die ebenfalls in amerikanischen Schulbüchern zu finden ist. Dazu gibt es ein Bild, 1854 gemalt, das heute im Fraunces Tavern Museum in New York hängt und gleichermaßen zu den Ikonen der amerikanischen Geschichtsschreibung zählt. Es ist das Bild einer Frau, die mitten im Schlachtgetümmel eine Kanone auswischt, um sie anschließend mit einem Ladestock wieder neu zu laden. Eine Frau in einem langen Rock, neben sich einen Ledereimer voller Wasser – Molly Pitcher.

In einem Buch entdeckte ich den Hinweis, dass „Molly" damals die Abkürzung von Maria war – und Maria klingt deutsch. Jedenfalls in Pennsylvania. Und ein Ledereimer ist ein „Pitch". Grund genug, der Geschichte auf den Grund zu gehen. So beginnt Recherche.

Die Geschichte besagt, dass Molly Pitcher den Soldaten im Kampf mit ihrem Ledereimer immer wieder Wasser aus einer nahe liegenden Quelle gebracht hat, um sie zu erfrischen, aber auch um die ersten Verwundeten zu versorgen. So bekam sie den Spitznamen Molly Pitcher. Ihr Mann William Hays, gebürtiger Ire, kämpfte als Artillerist in der Armee von George Washington. Molly Pitcher zog mit ihm mit, versorgte ihn und seine Kameraden – was damals durchaus üblich war. Als ihr Mann neben der Kanone mitten im Gefecht zusammenbrach, übernahm sie seine Aufgabe als Ladekanonier. Sie wischte nach dem Abschuss das Kanonenrohr nass aus, füllte eine Pulverladung ein und schob einen Filzlappen hinterher, auf den dann die Kanonenkugel folgte. Eine schwere körperliche Arbeit, mitten im Pulverdampf des Gefechts, umgeben von Vorwärtsstürmenden und zurückkriechenden Verwundeten. Dabei entging sie selbst nur knapp einem Treffer: Eine Gewehrkugel flog zwischen den Beinen durch den langen Rock. „Nun, das hätte schlimmer kommen können!", sei ihr Kommentar gewesen.

Molly Pitcher hielt die Schlacht durch. Kurz vor Ende kam General George Washington zufällig vorbei, sah die Frau, wunderte sich und ließ sie nach dem erfolgreichen Ende der Schlacht suchen. Sie stand vor ihm und er ernannte sie zum Sergeant (Feldwebel).

So die Geschichte. Noch im Unabhängigkeitskrieg wurde ein Gedicht über sie geschrieben, das in den Schulen damals gelehrt wurde:

„Moll Pitcher she stood by her gun
And rammed the charges home, Sir!
And thus on Monmouth bloody field
A Sergeant did become, Sir!"

In etwas freier Übersetzung:
Molly Pitcher stand an ihrer Kanone
und rammte die Ladungen rein, Sir!
Und deshalb wurde sie auf dem blutigen Schlachtfeld
von Monmouth
zum Feldwebel ernannt, Sir!

Auf diese Geschichte bin ich mehrmals gestoßen. Maria! Ich schaute in den verschiedenen Beschreibungen und fand: Geboren wurde Molly Pitcher als Maria Ludwig am 13. Oktober 1744 in New Jersey. Das sind die Momente, die man auf seiner Suche nicht liebt: Recherche erfolgreich. Geschichte tot! Denn ich suchte ja nach schwäbischen Auswanderern.

Aber halt: Da fand ich, dass ihre Eltern, Maria Margaretha und Johann Georg Ludwig kurz vor ihrer Geburt in die USA eingewandert waren. Der Hunger sei in Deutschland nach den Überfällen der Franzosen so groß gewesen, dass sie sich zur Auswanderung entschlossen hätten. Es ist der alte Kern im Märchen der Bremer Stadtmusikanten: „Lass uns gehen! Etwas Besseres als den Tod finden wir überall!" Überfälle der Franzosen – das klingt nach Süddeutschland. Die Recherche ging also weiter.

Das Ehepaar Ludwig sei aus Zuzenhausen in Bayern stammend, schreiben andere amerikanische Quellen. In Bayern gibt es kein Zuzenhausen. Dafür eines in Baden-Württemberg. Zuzenhausen liegt bei Sinsheim, war kurpfälzisch bis 1803. Dann schenkte Napoleon es den Badenern. Zuzenhausen wurde im Pfälzischen Erbfolgekrieg wie das Heidelberger Schloss von französischen Truppen unter Marschall Mélac verwüstet und erholte sich im 18. Jahrhundert nicht mehr von den Verwüstungen. Viele Zuzenhausener, darunter auch der Metzger Johann Georg Ludwig, wanderten mit ihren Familien in die USA aus.

Molly Pitcher – die weibliche Ikone des amerikanischen Unabhängigkeitskriegs, die bis zu ihrem Tode den Spitznamen „Sergeant Molly" mit Stolz trug, stammt von Baden-Württembergern ab. Sie ist keine Schwäbin. Passt also nicht in dieses Buch. Zeigt aber, wie Recherche geht.

Die Geschichte ist so gut, ich konnte nicht auf sie verzichten.

## Bildnachweis

S. 17: Neue Deutsche Biographie, hrsg. von der Historischen Kommission bei der Bayerischen Akademie der Wissenschaften, CC-PD-Mark
S. 19: Unilever AG, Knorr Archiv
S. 21: Hajotthu, CC-PD-old-100-1923
S. 23: Museum Kirchheim unter Teck, CC-PD-Mark
S. 26, 27: Archiv Deutsches Landwirtschaftsmuseum Hohenheim
S. 31, 36: Deutsches Museum, München
S. 33: gemeinfrei
S. 35: aus: Ciba Zeitschrift, Jg. 9 Basel 1945, Nr. 98, S. 3506
S. 38, 39: Archiv Deutsches Landwirtschaftsmuseum Hohenheim
S. 41, 42, 43: Lanz Archiv, John Deere Forum, Mannheim
S. 45, 48, 50: gemeinfrei
S. 49: Farm Security Administration – Office of War Information Photograph Collection, Library of Congress, Reproduction Number: LC-DIG-ppmsca-01614
S. 51: Pfizer Inc., 2016
S. 55–59: Anheuser-Busch InBev Deutschland, Bremen
S. 60: Surrey History Centre PH/34/306, Woking UK
S. 65: gemeinfrei
S. 68: William Kurtz, CC-PD-Mark
S. 70: Emanuel Leutze – The Metropolitan Museum of Art, CC-PD-Mark
S. 72: William Shacklette Collection, Smithsonian Institution Castle Collection, CC-PD-Mark
S. 73: AgnosticPreachersKid, CC-BY-SA-3.0
S. 74: en:lorax, CC-BY-SA-3.0-migrated

S. 75, 77: Museum zur Geschichte von Christen und Juden, Schloss Großlaupheim

S. 78: Fotoarchiv Theo Miller, Laupheim

S. 79, 80: Museum zur Geschichte von Christen und Juden, Schloss Großlaupheim

S. 81: Sixat, CC-PD-Mark

S. 84, 85: Historical Society of Pennsylvania, gemeinfrei

S. 87: Schoenhut Piano Company, St. Augustin USA

S. 89: Landesmedienzentrum Baden-Württemberg

S. 94–98: LIBREAS. Library Ideas, Institut für Bibliotheks- und Informationswissenschaft der Humboldt-Universität zu Berlin, CC BY 3.0